民生委員活動の
基礎知識

小林 雅彦 ＝ 著

中央法規

はじめに

　民生委員は、

・専門職とどこが違うんだろうか

・ボランティアと同じではいけないんだろうか

・制度のことをどこまで知っておく必要があるんだろうか

・個別の支援にどこまでかかわればいいんだろうか

・頼まれたことは何でもしなければならないんだろうか

・こんなことまでする必要があるんだろうか

　これらは民生委員であれば誰もが感じる疑問です。

　民生委員として適切に役割を果たすためには、「民生委員はどんなことをどの程度することを期待されているのか」「民生委員が必ず守るべきことはどんなことか」「民生委員がすべきではないことはどんなことか」といったことを知っておくことが大切です。

　しかし、現実にはそれらが曖昧なために、冒頭であげたようなさまざまな疑問が生まれ、日々の活動で迷うことになってしまいます。

　本書は、それらの疑問にわかりやすく答えることを目的に、次の内容で構成しました。

　第1章は、民生委員の役割について解説するとともに、活動の際の原則、守るべきこと、優先して対応すべきことなどをまとめました。

　第2章は、民生委員が実際に活動する場面において、活動を円滑に進めるためのコツやヒント、したほうがよいこととしないほうがよいことなどをまとめました。

　第3章は、民生委員が活動の際に連携したり、困ったときに頼りになる関係機関について、主に民生委員とかかわる部分を中心にまとめました。

第4章は、民生委員が知っておきたい主要な法を掲載したうえで、それぞれの法のなかで民生委員の役割がどのように規定されているかを解説しました。

　これまでの民生委員シリーズと同様、本書が民生委員の皆さんの活動に少しでも役立てば幸いです。

2019年12月

小林雅彦

目次

第 **3** 章　民生委員活動の大切なパートナー

第 4 章 民生委員が知っておきたい主要な法律

民生委員の役割と活動の原則

1 活動に必要不可欠な3つの心構え

初めて民生委員の委嘱を受けました。いろいろな説明を受けて心構えなども聞くのですが、なかなか理解できません。民生委員として、まずはどのような心構えをもって活動に臨む必要がありますか。

POINT 民生委員の委嘱を受けるといろいろな説明を受け、情報が入ってきます。どれも大切なことですが、それらすべてを理解して活動に取り入れていくことは到底不可能です。活動にあたっては、まずは、①自分一人で抱え込まないこと、②住民の基本的人権を尊重すること、③緊急性の高いことには必ず対応すること、の3点を心がけることが大切です。

1. 委嘱後に提供を受ける情報

　　新任の民生委員は、委嘱を受けた当初、活動に関連して次の2つのルートから情報提供を受けます。

1 役所等から提供される情報

　民生委員として委嘱を受けると、会議や研修などでさまざまな制度や手続きの説明を受け、必要な心構えや気をつけることなどを聞いたりします。どれも大切なことであり、そのなかには、期限が定められている手続きがありますし、守秘義務のように守るべきルールがあります。

　これらは当然守らなければなりませんが、一方で、役所の説明のなかには、例えば「こういう制度があるので、基本的なことを知っておいてください」「地域にこういう課題があるので、今後何らかの対応をお願いしたい」といった「今後してほしいこと」に関する情報も多く

あります。

2 前任者から提供される情報

　民生委員が替わった場合、前任の民生委員から後任者に、継続的に支援している人（世帯）に関する情報が引き継がれ、新任の民生委員は前任者にならって支援を継続することになります。ただし、情報が不足していることもありますし、引き継いだからといって前任者と全く同じことをしなければならないということでもありません。

2. 民生委員になると地域住民からさまざまな情報が入ってくる

　民生委員であれば、新任かベテランかにかかわらず、地域住民からさまざまな相談や情報が持ち込まれます。本人や家族から個別の困りごとの相談が持ち込まれることもあれば、近所の住民から連絡がくることもあります。

　また、個別の困りごとだけでなく、「公園の遊具が壊れているので何とかして」「夜、若者がたむろしてうるさい」といった地域の気になることや問題が持ち込まれたり、「一人暮らしで話し相手がいないので話しに来た」「近くで子育て中のお母さん仲間が欲しいので紹介して」といった、個人的な相談や要望なども入ってきます。

　このように、民生委員には個人的なことや地域全体にかかわることで、福祉や介護や子育て、生活環境など、あらゆる分野の問題や相談が持ち込まれる可能性があります。ただし、実際に入ってくる情報や相談の内容や量は、その地域での民生委員の認知度や前任者の活動状況、他の相談機関の整備状況や住民意識、地域の生活環境などによって異なります。

3. 活動に必要不可欠な3つの心構え

　ここまで述べてきたように、民生委員になると大量の種類の情報が短期間に多方面から入ってきます。それらをすべて理解したり対応し

ようとすれば必ず無理が生じます。では、どうすればよいのでしょうか。まずは、次の3点を心がけて活動することが大切です。

1 一人で抱え込まない、判断しない

民生委員は地区ごとに一人配置されますが、そのことは一人で何でもするということではありません。民生委員は必ず民生委員協議会（以下「民児協」）に所属します。民児協には会長をはじめとした役員がいます。わからないことや不安なことは、必ず役員や先輩民生委員に聞いてください。そのためにも、定例で開催される（通常は月1回）民児協の集まりは大切です。また、民生委員は行政や関連機関等にもさまざまなアドバイスや情報提供を求めることができます。

民生委員になり、地域のために頑張ろうと張り切ることはいいのですが、実際にできることには限界があります。活動にあたっては、一人で抱え込んだり判断せず、いつでも周囲の人と相談しながら進めることが大切です。

2 人権を尊重する

民生委員法第15条には次のような規定があります。

> 第15条　民生委員は、その職務を遂行するに当つては、個人の人格を尊重し、その身上に関する秘密を守り、人種、信条、性別、社会的身分又は門地によつて、差別的又は優先的な取扱をすることなく、且つ、その処理は、実情に即して合理的にこれを行わなければならない。

民生委員が個人としてどんな宗教を信じていても構いませんし、日々どのような信条をもちながら暮らしていても構いません。しかし、この第15条にあるように、民生委員活動ではそれらを持ち出したり、判断の基準にすることは認められません。人種や性別や出身の家

柄などに関しても同様です。つまり、民生委員が民生委員として活動するときは、個人的なこだわりや価値観、好き嫌いを持ち込まず、すべての人の人権を平等に尊重し、公平無私な姿勢で活動する必要があるということです。

人権の尊重でもう1つ重要なことに守秘義務があります。秘密にしておきたいことを誰かが勝手に他人に話したら誰でも不愉快になりますが、もし民生委員がそのようなことをすれば、信頼は一気に失われます。また、周囲の専門職からも警戒されてしまいます。守秘義務は人権尊重の1つだという自覚のもとで活動する必要があります。初めて民生委員になると、今まで知らなかった地域住民の個人情報を知ることがあり、つい家族に話したくなるかもしれませんが、絶対にそれは許されません（p.30の**問10**参照）。

以上のように、民生委員の活動では、いつでも基本的人権を尊重する姿勢が必要とされています。

3 緊急性の高いことに優先的に対応する

本人や家族や地域住民から持ち込まれる相談や情報に対しては、優先度を考えて対応する必要があります。その際には、前記**1**で書いたように、一人で判断せず民児協の役員等に聞くことが基本ですが、聞くまでもない場合もあります。それは、誰かが危険な状態にある場合や人権侵害が行われている場合です。これは専門的判断というより常識的判断に基づいて取り組めばよいことです。

例えば、児童虐待を発見した住民は、直接児童相談所に連絡せず民生委員に連絡してもよいことになっています（p.44の**問14**参照）。また、法に規定されていなくても、例えば、「近所で高齢者が介護も受けず悲惨な状態で放っておかれている」「夫に家庭内で暴力を振るわれるので助けてほしい」という相談が民生委員に入るかもしれません。

このように、危険な状態やその可能性がある場合には、速やかに関係機関に連絡する必要があります。もし、どの機関が関係しているかわからない場合には、民児協の役員や市町村の民生委員担当課の職員等に連絡して対応する必要があります。大切なことは、放っておかず必ずどこかにつなげるということです。

　これら以外のことには対応しなくてよいということではありませんが、まずは優先度の高いことに必ず対応することが必要です。

2 民生委員に期待されている住民支援の3つの役割

民生委員は、住民の支援にあたって、どのような役割が期待されているのでしょうか。

 民生委員には、常に住民の立場に立ちながら、①住民の生活状態を把握すること、②住民の相談にのること、③住民が必要な援助が受けられるように支援すること、という3つの役割が期待されます。

 ## 1. 民生委員は常に住民の立場に立って活動する

　　民生委員法第1条は、民生委員の役割を「常に住民の立場に立つて相談に応じ、及び必要な援助を行い」と規定しています。民生委員は地元の区域を担当することになっているので、当然住民の近くにいるわけですが、同時に、気持ちの面でも常に住民の立場に立つことが求められています。

　そのうえで、次の3つの具体的な役割が期待されています。

2. 民生委員に期待される住民支援の3つの役割

■ 住民の生活状態を把握する役割

　民生委員は地元の住民のなかから選ばれます。それは、地域の様子を知っていて、住民の生活状態を把握しやすい立場にあるからです。実際には、距離は近くても把握することが困難な場合もありますが、まずは可能な限り、住民の生活状態を把握することが民生委員活動の出発点になります。

② 住民からの相談にのる役割

①いろいろな人からの相談にのる

　相談をしてくる人は、生活に困っている、子育てや介護で悩んでいる、といった課題を抱えた本人や家族の場合もあれば、その人のことを心配している周りの人の場合もあります。また、「深夜に少年がたむろしているようだ」というような、周囲の人からの不安や困りごとの相談の場合もあります。なかには、考えすぎ、気にしすぎの相談もあるかもしれませんが、内容にかかわらず、いったんは相談として受け止めることが大切です。

②いろいろな内容の相談にのる

　通常は、何らかの課題を解決してほしいときに相談をするわけですが、なかには「相談」と言いながら、実は「話し相手が欲しい」「愚痴を聞いてほしい」という場合もあります。時間に余裕があれば、話し相手になることにも意義がありますが、そればかりに時間を取られるわけにはいきません。その内容が相談なのかどうか、意識しながら対応することも必要です。

③ 住民が必要な支援を受けられるように支援する役割

　住民が必要な支援を受けられるように、次のような支援をします。

①情報提供をする

　情報提供をした場合、その情報を自ら活用して必要な行動ができる人はいいのですが、そういう人ばかりとは限りません。そのため、情報をわかりやすく説明したり資料を読み上げる、場合によっては絵や写真を使う等、その人の理解力や心身の機能にも配慮しながら、情報提供や活用の支援をする必要があります。

②関係機関に事前に連絡したり、必要に応じて助言や補足説明をする

　公的サービスの利用は本人または家族の申請が原則なので、民生委

員が代理で利用申請をすることはありませんが、利用手続きが円滑に進むように、必要に応じて助言したり、補足説明をする等の役割が期待されます。

③緊急性があれば関係機関に通報して対応してもらう

　虐待が行われている等、緊急な対応が必要な場合には、速やかに行政機関に連絡して対応を求める必要があります。緊急性があるかどうか迷う場合には、まずは民児協会長等に相談するとよいでしょう。

3 「民生委員はつなぎ役」の言葉には いろいろな意味が込められている

「民生委員はつなぎ役」という言葉を度々聞きますが、この言葉はどういう意味でしょうか。何と何をつなぐのでしょうか。

POINT

「つなぎ役」という言葉には「支援が必要な人と支援をつなぐ」という意味が込められています。それに加えて、民生委員は地域のさまざまな人たちの「つなぎ役」だと考えると、民生委員の役割が理解しやすくなります。

答え

1.「つなぎ役」の意味は適切な支援につなぐこと

　2016（平成28）年に全国民生委員児童委員連合会（全民児連）が編集した「新任民生委員・児童委員の活動の手引き」には、次のような記述があります。

> 民生委員・児童委員は「地域住民の身近な相談相手」であるとともに、「支援へのつなぎ役」です。

　この記述のとおり、住民が必要な支援やサービスを受けられるように、専門機関の紹介や橋渡し等の役割が民生委員に期待されています。
　この意味でのつなぎ役が重要であることはいうまでもありませんが、せっかく「つなぎ役」という言葉を使うのであれば、それ以外にも、次のようなさまざまな場面での「つなぎ役」にも着目すると、民生委員の果たすべき役割がより理解しやすくなります。

2.　支援以外の次の場面でもつなぐ役割が期待される

1「要支援者と近隣住民」とをつなぐ役割

　例えば、要介護高齢者がデイサービスやホームヘルプサービスを利用していると、「専門家に任せれば安心」と考えがちですが、専門家がかかわるのは生活のごく一部です。仮に災害が起これば最も頼りになるのは近隣住民です。近隣住民が近隣の高齢者や障害者のことを知っていれば、いろいろなときに力になってもらえる可能性があります。そのためにも、本人や家族の了解が前提にはなりますが、支援が必要な人と近隣住民とをつなぐ役割が民生委員には期待されます。

2「要支援者と要支援者」や「家族と家族」とをつなぐ役割

　例えば、障害者の本人同士や家族同士だと、当事者だからこそ知っている情報を交換できたり、理解しあい、共感しあえることがあります。各地域には、組織的に活動する当事者の会や家族の会があるので、それらを紹介したり、組織ではなくても、子育てで孤独を感じている親同士や、親の介護で苦労している人同士が身近に集える場所を紹介する役割が民生委員に期待されます。

3「地域住民と地域福祉活動」とをつなぐ役割

　定年後の時間をどう過ごすかは個人の自由ですが、定年後の長い生活を安心、安全に送るうえで、地域との関係は欠かすことができません。しかし、若い頃から会社一筋で地域と縁がなかったような人にとって、地域との関係づくりは簡単なことではありません。

　そのような場合、地域福祉活動への参加は地域での人間関係づくりや居場所づくりにとって有効な方法の1つです。もちろん、対象は定年後の人に限定することなく地域住民全体でよいのですが、住民が地域との関わりを望みながら実現していない場合に、身近な地域福祉活動を紹介することも、民生委員に期待されるつなぐ役割の1つです。

4 民生委員の特徴的な立場を活かして活動する

民生委員としての特徴的な立場を活かして活動するとよいと言われるのですが、どのようなことが活動に活かせるのでしょうか。

POINT 民生委員には、①公的な立場がある、②無給である、③特定の事業者等に属していない、④地元の住民のなかから選ばれている、という4つの特徴的な立場があります。民生委員活動では、これらの特徴を意識し、時には強みと考えてその立場を活かして活動することで、活動がスムーズに進んだり、活動の広がりが期待できることがあります。

答え 前述した民生委員の4つの特徴的な立場と、それらのどこが重要か、時には強みとして利用できるかを解説します。

1. 民生委員には公的な立場がある

民生委員には公的な立場があることを、わかりやすくするために、ボランティアと対比して説明します。

一般に、ボランティア活動は誰でも自由にできますし、「私はボランティアです」と名乗ることも自由です。行政が「ボランティアはこうしなければならない」と規制や強制をすることもありません。

これに対して、民生委員は、民生委員法に基づいて厚生労働大臣から委嘱を受けて初めて民生委員になりますし、名乗ることができます。また、守秘義務や公正な活動をすること、その立場を政治的に利用してはいけないこと等の遵守事項があり、都道府県知事の指揮監督を受け、ふさわしくない場合には解嘱されることもあります。

このように、民生委員は委嘱の過程やその後の活動に関して、法の規制を受けており、それだけ公的関与を受けながら、責任をもって活動することが義務づけられている存在です。

だからこそ、例えば、自治体は災害時に支援が必要な人の個人情報を一定の手順を踏んで民生委員に提供でき、学校は見守りが必要な児童の情報を民生委員に知らせることがあるわけです。

通常、自由に名乗って活動するボランティアに個人情報を提供することはありません。「特別職の地方公務員」という立場をもつ民生委員だからこそ、活動に必要な範囲で自治体等から情報提供を受けることができますし、必要に応じて、民生委員のほうから情報提供を求めることがあってよいと考えられます。

2. 民生委員は無給で活動する

民生委員法第10条は「民生委員には、給与を支給しないものとし、その任期は、3年とする。」と規定しています。この部分には、以前は「名誉職」という言葉が使われていました。名誉職にはもともと「無給で職務を担う」という意味があるのですが、一部で名誉職という言葉が「肩書きだけで何もしない」という誤解を生じたことから、主旨をはっきりさせるために「給与を支給しない」という表現に変わりました。

このように、民生委員には報酬がないわけですが、そのことは、周囲の人に協力を頼むときには強みの1つにもなります。例えば、市役所の職員や老人ホームの職員が自分の業務に関連して周囲の人に協力を頼んだ場合、「何であなたの仕事のために協力する必要があるのか。あなたが楽をしたいからではないか」と反発されかねません。

一方、民生委員はそのような反発を受ける可能性はありません。無償で活動しているからこそ、ある意味、遠慮することなく、周囲に協

力を頼みやすいといえるかもしれません。

3. 民生委員は特定の事業者等に属していない

　例えば、介護保険のケアマネジャーは、業務を公正中立に行うことが義務づけられていますが、多くの場合、社会福祉法人や医療法人等の特定の事業者に属しています。そのため、実際に公正中立に仕事をしていても、「自分の属する○○法人のサービス利用に誘導している」とみられてしまいがちです。

　これに対して、民生委員はどの事業所にも属していません。前記**1**で述べたように、民生委員は公的な立場があり、どこにも属していないからこそ、言動は、当然に公正中立であると受け止めてもらうことができます。このことから、民生委員が公正中立な立場にいることは、周囲に情報提供や協力を頼むときの1つの強みにもなるということができます。

4. 民生委員は地元の住民のなかから選ばれている

　民生委員は、地元の推薦会の推薦を受けて委嘱の手続きが始まります。皆さんが地元で民生委員として推薦されるということは、町内会の役員や前任の民生委員、福祉関係者等が、地域で活動をしていたり、地元住民の信頼の厚い人のなかでも、特に皆さんを適任と考えているからです。

　そこで、民生委員になった場合には、ぜひこの地元で推薦をした人やそのために情報提供をしたと思われる人等に民生委員活動に対する協力を仰いでください。守秘義務の関係もあるので、何でも頼んでよいわけではありませんが、例えば、多くの人の協力を必要とする屋外での見守り活動や、福祉活動を盛り上げるイベントなど、不特定多数の参加が求められるような活動であれば、協力を仰いでも全く問題ありません。

　「推薦をしたあなた方は協力する義務がある」ということではなく、「みんなで一緒になって地域福祉を盛り上げましょう。あなたもその一人になってください」と呼びかけることは、仲間を増やすうえで大切なことです。

5 制度のことをどの程度理解しておく
必要があるか

よく「制度の概要くらいは知っておいたほうがよい」と言われるので
すが、とりあえずどのようなことを理解しておく必要がありますか。

POINT 福祉にはたくさんの制度があり、そのすべてを正確に理解することは不可能ですし、そもそもその必要もありません。民生委員としては、とりあえず「この制度はどのような人が対象で、どこで利用手続きをするか」ということを知っておくことが大切です。

答え **1. 民生委員にとって制度を理解することの意味**

1 民生委員法で定められている知識の修得に努める義務

　民生委員法第2条では「民生委員は、常に、人格識見の向上と、その職務を行う上に必要な知識及び技術の修得に努めなければならない。」と規定されています。福祉に関する制度を理解するということは、ここでいう「職務を行う上に必要な知識」にあたります。このように、制度について勉強することは民生委員の義務の1つとなっています。

2 制度を理解することは自分に役立つ

　制度のなかには、介護保険のように自分自身や家族にとってほぼ確実に関係のある制度があります。また、今は関係ない制度でも、予想外の問題が自分や周囲で起きたときに、関係してくることもあります。その点で、制度について学んで理解することは、自分にとっても役立ちます。

2. 制度の何をどの程度知っておく必要があるのか

1 民生委員が制度を理解する目的

　民生委員が制度を理解する目的は、「サービス適用の可否」や「要介護度や障害の等級を決めるため」ではありません。それらは専門職の役割です。

　民生委員が制度を理解する目的は、次の3つの職務に取り組むために必要だからです。

①住民が相談に来たときに、利用可能だと思われる公的サービスや各種支援を紹介したり、関係する窓口につないだりする

②公的サービスや各種支援を利用したほうがよいのではないかと思われる住民がいるが、実際には利用していない場合に情報提供する

③児童虐待や配偶者暴力などのような問題を把握した場合に、適切な機関に迅速につなぐ

2 職務の内容から見えてくる制度の理解のポイント

　前述の職務を踏まえると、民生委員が制度を理解するポイント、言い換えれば、とりあえず知っておいたほうがよい点は、次のようになります。

①対象者の条件

　福祉に関する制度は、年齢、障害の有無や種類、収入の状況、家族構成等さまざまな条件に対応して制度が細かく分かれています。詳細はともかく、例えば、介護保険制度は原則65歳以上が対象、生活保護制度は低所得者が対象といったように、大まかに制度の対象者や利用の条件を知っておくことが大切です。

②公的サービスの内容（できることとできないこと）

　例えば、一人暮らしで介護が必要な場合には介護保険制度が利用できますが、介護は必要ないけれど話し相手が欲しいという場合、介護

保険制度のデイサービスやホームヘルプサービスの利用対象にはなりません。そのような場合には、社会福祉協議会のサロン（集まり）活動や話し相手のボランティアなどを紹介することになります。このように、税金や保険料などを財源として提供される公的サービスには、できることとできないことがあることを知っておくことが大切です。

③利用窓口

　適切につなぐためにも制度の利用窓口を知っておく必要があります。どの制度を利用する場合でも「役所」で間違いはありませんが、もう少し具体的に何課と特定したり、婦人相談所のように市町村にはなく都道府県が設置する機関が窓口の場合もあります。「この制度の利用は、どこが設置している何という機関が窓口か」を知っておくとつなぎや紹介がスムーズにできます。

6 民生委員は公私を峻別する必要がある

民生委員になったときに、「公私の峻別が大事だ」と言われたのですが、どういうことでしょうか。

POINT 民生委員は、日常生活のなかで相談や訪問活動をしているので、民生委員としての活動中とそうではない時間との区切りがはっきりしないことがあります。そのため、活動中であることを自覚して行動しないと、守秘義務や支援などに関して思わぬ問題や混乱が起こるので、注意が必要です。

答え 民生委員は、民生委員としての活動中は「公」の立場であり、それ以外は「私」の立場であるわけですが、公私の境目がわかりにくく、そこに民生委員の難しさがあります。

このことを次の2つの場面で解説します。

1. 相談の場面での公私分離の必要性と難しさ

1 専門職は相談の環境が整っているなかで相談にのる

例えば、市役所の福祉担当職員は、朝自宅を出て市役所に出勤し、相談室などの決められた場所で決められた時間中、相談業務を行います。周囲には家族や近所の人もいません。相談に適した環境のなかで「相談業務をしている」と意識しながら相談にあたることができるわけです。

2 民生委員は普通の生活場面で相談にのる

民生委員がスーパーの店内で誰かと話をしているとします。

その話し相手が、昔からの友人であれば、「そのセーター、素敵ね」

と言っても何の問題もなく、周囲も気にしないでしょう。

　それでは、その話し相手が子育てに悩んでいるお母さんで、「この前、子どもに手を上げてしまって」と話したとき、民生委員が周りに聞こえるような声で「え、子どもを叩いたの？」と言ったら、周囲の人に気づかれるでしょうし、母親をジロジロ見るかもしれません。当然、母親は民生委員に対して不信感をもつでしょうし、その後、相談には来なくなるでしょう。

　この2つの会話を表で比較してみましょう。

	友達との会話	相談者との会話
会話の目的や性格	（目的）特にない （性格）世間話	（目的）問題の解決 （性格）相談
法の規制	ない	守秘義務がある
会話の後の対応	必要ない	内容に応じて対応が必要
会話に対する周囲の関心	ない	内容により注目される

　表のように、友達との会話は全くの自由ですが、相談者との会話は「相談」であり、法に規制され、会話後もそのままにせず何らかの対応が必要な場合もあります。

　このように、スーパーでの買い物途中の会話でも、民生委員は公私の使い分けが必要とされます。だからこそ、「今は民生委員活動として会話している（相談にのっている）」ことを意識する必要があります。

　なお、実際に立ち話で相談を受けた場合、極めて緊急性が高いと思われる場合以外は、立ち話では言いにくいことも当然あるので、あらためて訪問するなどして、じっくり話を聴くことが大切です。

2. 頼まれごとへの対応における公私分離の必要性と難しさ

1 友人から頼まれたことへの対応

　皆さんは、近所に住む親しい友人から「ちょっと病院まで車で乗せていって」と頼まれれば、都合が悪ければ断るでしょうし、都合がよければ送るかもしれません。頼まれたことにどのように対応するかは全く自由ですし、場合によっては、お金を貸すこともあるかもしれません。民生委員であってもなくても、行動は同じでしょう。

2 民生委員として住民から頼まれたことへの対応

　では、民生委員に就任後、訪問を通して知りあった一人暮らしの高齢者から同じことを頼まれた場合はどうすればよいでしょうか。

　このような場合は、はっきり断ることが大切です。もしかすると、その人は、「この前、近所の○○さんを車で病院に送っていったのを見た。あの人は送っていって、私は送ってくれないのか」と言うかもしれません。そのときには、「あの人は古くからの友人であり、民生委員になる前からそうしていた。民生委員になったから送っていったわけではない。民生委員の役割に送迎は入っていない」といった趣旨のことを回答すればよいでしょう。

　相手は簡単に納得しないかもしれませんが、その場合には、民児協会長や行政機関等に相談して利用可能なサービス等を紹介すればよいでしょう。仮にそれらの利用が難しいからといって、民生委員が最終的に何とかしなければならない、ということは全くありません。

　以上のとおり、民生委員は地域で生活しながら相談を受けたり支援等をするので、「（民生委員の）活動か否か」を区別しにくいという難しさがありますが、日頃から意識をし、なるべく両者を峻別するように心がけてください。

7 親身に話を聴くことはそれ自体が支援になる

私は、介護で苦労している人の話を聴くと、大変だなあとは思うのですが、具体的なアドバイスなどは思いつきません。民生委員としてこれでよいのでしょうか。

POINT 民生委員が親身になって相談者の話を聴くことは、それ自体が支援になることがあります。問題の内容によっては、情報提供が必要な場合もありますが、「話を聴くだけでは支援にならない」ということはありません。「丁寧に話を聴くことは支援をしていることでもある」と考えることが大切です。そのためには、話の聴き方にも注意が必要です。

1. 民生委員に必要な「聴く」姿勢とは

「きく」という言葉を漢字で書くと、3種類あります。

漢字	どのようなときに使うか	使用例
訊く	きく側が必要とする情報を入手したいときに使う	道を訊く
聞く	音が耳に入ってくる （意識せずにきこえてくる）	波音を聞く
聴く	相手の言いたいことを話してもらい、それをきいている側が五感を動員して受け止める	悩みを聴く

聴くという漢字には、耳だけでなく「目」や「心」が入っています。民生委員が相談を受ける場合、このような姿勢で「聴く」ことが大切です。

2. なぜ聴くことが支援になるのか

　聴くことが支援になるのは、次の3点で効果が期待できるからです。

①誰かに話すことで問題を客観的に振り返り整理できる

　相談者は、第三者に話すことで気持ちが落ち着くことがありますし、話す過程で問題を振り返り、状況を整理し客観視することにもつながります。

②相談者と民生委員の信頼関係が高まる

　相談者は、自分の話をきちんと聴いてくれる人は信用しますし、本音も出しやすくなるでしょう。逆に、丁寧に話を聴く姿勢が民生委員になければ、信頼関係は生まれず、いずれは相談に来なくなるでしょう。

③問題の適切な対応や解決につながる情報が得られる

　前述②のとおり、聴く姿勢が相談者に伝わることで相談者がより多く話せるようになり多くの情報を得られます。また、信頼関係が生まれて本音を聴くことができるようになれば、問題の本質的な解決にもつながります。

3. 聴く姿勢をみせることが大事

　上手な聴き方とは、相談者が"民生委員の方が私の話を一生懸命聴いてくれている"と実感できるように聴くことです。

　そのためには、次のような方法があります。

①うなずいたり、相づちを打ったりする。

②相談者の話した重要な言葉、キーワードを民生委員も使って話す。

③重要だと思うことについて、さらに具体的内容や詳細を質問する。

④真剣に聴いていないととられるような動作や態度（腕を組む、相手と別な方向を見る、時計を気にする等）をとらない。

⑤相談者の話を否定したり評価しない。

8 民生委員・児童委員と主任児童委員

民生委員は児童委員でもあると聞きました。また、民生委員のなかには主任児童委員もいますが、それらの関係がよくわかりません。

POINT 児童福祉法の規定により、民生委員は全員が児童委員でもあります。また、特定の担当区域をもたず、もっぱら児童福祉を専門的に担当する主任児童委員も民生委員の一員です。それぞれの役割は児童福祉法で定められていますが、児童虐待の対応等、児童福祉の重要性が増すなかで、専門機関を含めて関係者が一体となった支援が必要とされています。

1. 民生委員は全員が児童委員である

1 児童委員の制度上の位置づけ

児童福祉法第16条第2項は「民生委員法による民生委員は、児童委員に充てられたものとする。」と規定しています。この規定により、民生委員は全員が児童委員でもあるわけです。

2 児童委員の職務の内容

児童福祉法第17条第1項は、児童委員の職務として、児童および妊産婦を対象にした次のような内容を定めています。

①生活環境や状況を把握しておくこと

②適切にサービス利用できるよう情報提供や援助や指導をすること

③関連する事業者と連携しその事業や活動を支援すること

以上に加え、市町村の児童福祉担当職員の職務への協力や、地域で

児童を見守る雰囲気づくりなども児童委員の職務となっています。

2. 主任児童委員も民生委員である

1 主任児童委員の制度上の位置づけ

主任児童委員は、創設された1994（平成6）年当初は法律では規定されず、厚生労働省の定める設置要綱を根拠にしていましたが、2001（平成13）年に「厚生労働大臣は、児童委員のうちから、主任児童委員を指名する。」（児童福祉法第16条第3項）として、法律でその立場が明確にされました。

2 主任児童委員の選出

主任児童委員の担当する区域は、民生委員協議会（以下「民児協」）の区域になります。民児協の民生委員数が39人以下では2人、40人以上では3人の主任児童委員が選出されます。

3 主任児童委員の職務の内容

主任児童委員の主な職務は、前述した児童福祉法第17条第1項に掲げられた児童委員の職務が円滑に進むように、関係機関との連絡調整を行ったり、児童委員の活動に対する援助や協力をすることですが、必要があれば、主任児童委員も個別支援を行うことがあります。

3. 民生委員・児童委員と主任児童委員の関係

本来、児童委員と主任児童委員の関係は、どちらが中心になるということはありません。支援の対象になる児童や妊産婦等を中心に据え、支援のすき間ができないように連携して支援することが大切です。

個別の支援や見守りが必要な場合、当該区域の民生委員が担当することが基本ですが、その民生委員との関係づくりが難しい場合や、すでに以前から主任児童委員がかかわっているような場合は、主に主任児童委員が中心となって担当すればよいでしょう。

9 民生委員活動のよりどころとしての民生委員協議会

民生委員は全員が地元の民生委員協議会に所属すると聞きました。民生委員協議会とはどのような組織ですか。どのようなことをしているのでしょうか。

POINT 民生委員は全員が地元の民生委員協議会に所属します。民生委員協議会は、民生委員が主体となって運営し、毎月1回の定例会での情報伝達や意見交換等のほか、他機関との連絡調整、研修会や見学会の実施など、さまざまな事業を行い、民生委員活動を支える重要な役割をもつ組織です。

1. 民生委員協議会の制度

■ 基本単位となる民生委員協議会

民生委員協議会（以下「民児協」）の構成は民生委員法第20条で規定されており、市と町村で異なります。

市では市内を複数の区域に分け、各区域ごとに民児協を組織します。つまり、1つの市に複数の民児協ができるわけです。

町や村では、町や村の民生委員が全員で1つの民児協を構成します。

■ 民生委員協議会の連合組織

市の場合、各区域の民児協の連合組織として市民児協ができます。そして、各都道府県ごとに市町村の民児協の連合組織として都道府県民児協ができ、さらに、民生委員の全国組織として全国民生委員児童委員連合会（全民児連）が組織されています。

2. 民生委員協議会の運営

1 役員体制

　民児協の役員として、民生委員法では会長を置くことのみが規定されていますが、実際には会の円滑な運営のために、その他に副会長、会計、監事、理事等を置いて運営をしています。

2 運営の工夫

　実情に応じて、次のような工夫をしている民児協があります。

①人数が多い場合はエリアを分けて運営する

　民生委員の数が大人数の場合、そのまま１つの民児協として運営しても個々の民生委員の様子がわからなかったり、発言や質問の機会もなかなかもてません。そこで、民児協をいくつかのエリアに分けて会議等を行っていたりします。

②課題別の部会や委員会を設ける

　高齢者福祉部会、児童福祉部会、障害福祉部会等の課題別の部会（または委員会）を設置している民児協もあります。民児協のメンバー全員がどこかの部会に所属することで、その課題についての理解を深めるとともに、少人数で活動することで参加意識が高まったり、民児協のなかでの話しやすい雰囲気づくりにもつながります。

③開催の日時を工夫する

　現在、民児協の定例会のほとんどが、比較的参加しやすいということで平日の昼間に開催されていますが、近年は、平日の昼間に仕事をしている民生委員のことも考え、一部には夜間や休日に定例会を開催している民児協もあります。民生委員の選出に苦労している地域の場合、定例会が夜や休日なら活動できるという人もいるかもしれません。定例会の開催日時や方法は各民児協が独自に決められるので、民生委員が参加しやすいように工夫することが望まれます。

3. 民生委員協議会の事業と役割

■1 民生委員法による規定

民児協の任務は民生委員法第24条第1項で次のとおり規定されています。

第24条　民生委員協議会の任務は、次のとおりとする。
一　民生委員が担当する区域又は事項を定めること。
二　民生委員の職務に関する連絡及び調整をすること。
三　民生委員の職務に関して福祉事務所その他の関係行政機関との連絡に当たること。
四　必要な資料及び情報を集めること。
五　民生委員をして、その職務に関して必要な知識及び技術の修得をさせること。
六　その他民生委員が職務を遂行するに必要な事項を処理すること。

■2 民生委員協議会の事業と役割

各民児協では、民生委員法第24条の趣旨を踏まえたうえで、民生委員の意見をもとに事業をしていますが、大別すると、①民生委員活動を支える事業、②地域住民のための事業を行っています。

①民生委員活動を支える事業

民生委員同士でサポートしあえる雰囲気や仕組みづくり、研修会や学習会の開催、支援困難事例について皆で考える場の設定、支援に役立つマニュアルづくり、他の民児協との交流や意見交換等、民生委員が活動するうえで役立つ事業を行い、活動を支える役割を担っています。また、必要に応じて関係機関との連絡調整が随時行われています。

②地域住民のための事業

個々の民生委員ではなく、民児協の組織として、相談事業、高齢者

サロンや子育てサロンの開催、施設でのボランティア活動、子ども向けイベントや福祉啓発イベント、安全パトロール等を、社会福祉協議会などと協働しながら行っています。これらの事業は、それ自体が地域のためになると同時に、民生委員の存在を知ってもらったり、民生委員の顔を覚えてもらう効果も期待できます。

4. 民生委員協議会独自の機能と特徴

1 民生委員協議会には行政等に対する意見具申権がある

民生委員法は「民生委員協議会は、民生委員の職務に関して必要と認める意見を関係各庁に具申することができる。」(第24条第2項)と規定し、民児協の意見具申権を明記しています。これは、民生委員が地域の実情に精通し、住民が困っていることや必要とされる対応策について理解していると認められたからこそ法に明記された権利です。積極的な意見具申、提案が期待されています。

2 民生委員協議会は社会福祉関係団体に参加できる

民生委員法は「民生委員協議会は、市町村の区域を単位とする社会福祉関係団体の組織に加わることができる。」(第24条第3項)として、主に社会福祉協議会への組織的参加を想定した規定を設けています。

3 民生委員協議会は民生委員による民生委員のための組織である

民生委員法は「市町村長及び福祉事務所その他の関係行政機関の職員は、民生委員協議会に出席し、意見を述べることができる。」(第24条第4項)と規定しています。わざわざ関係行政機関の職員が民児協に出席できると定めているのは、関係行政機関の職員は第三者的立場から民児協に参加することを明確にするためです。つまり、あくまでも民児協の主役は民生委員だということです。

これまで述べたように、民児協は民生委員のための組織です。そのため、民生委員一人ひとりの主体的な参加が期待されています。

10 個人情報保護は信頼の原点

個人情報保護が大切だということはわかりますが、民生委員として
はどのようなことに気をつける必要があるのでしょうか。

POINT

民生委員になると、それまで知らなかった近所の人の個人情
報を知ることになります。個人情報の保護が重要なことは当
然ですが、一方で、個人情報は専門機関等に伝える（共有す
る）ことで問題解決につながったり、よりよい支援ができる
場合もあります。個人情報保護の取扱いには原則と例外があ
るので、それらの内容を十分に理解したうえで、個人情報を
適切に取り扱うことを常に意識して活動することが大切で
す。

答え

1. 民生委員法のなかの守秘義務に関する規定

最初に民生委員法第15条の規定をみてみましょう。

> 第15条　民生委員は、その職務を遂行するに当つては、個人の人格を
> 尊重し、その身上に関する秘密を守り、人種、信条、性別、社会的身
> 分又は門地によつて、差別的又は優先的な取扱をすることなく、且
> つ、その処理は、実情に即して合理的にこれを行わなければならな
> い。

　ここに規定されているように、「身上に関する秘密を守る」ことは民
生委員の義務ですが、このことは、その前にある「個人の人格を尊重
し」の一環です。「ある人の秘密を守らないことは、その人の人格を尊
重していないことになる」という意識をもつことが大切です。

2. 民生委員と個人情報保護法との関係

1 民生委員は個人情報保護法の規制対象ではない

個人情報の保護に関する法律（以下「個人情報保護法」）は、個人情報を事業のために活用している会社等を規制する法律です。したがって、民生委員は個人情報保護法の規制対象ではありません。ただし、個人情報保護法によって社会全体に個人情報保護の気運が高まっていることは十分認識する必要があります。

2 民生委員の連携相手の事業者や専門職は規制を受けている

例えば、「独居の高齢者が入院した」という話を近所で聞いたとき、民生委員から病院に病名や症状を尋ねても、通常は教えてもらえません。それは個人情報保護法に、「本人の了解なしに個人情報を第三者に教えてはいけない」という考え方があるからです。

また、医師、看護師、社会福祉士などの専門職は、それぞれの資格を規定する法律のなかでも個人情報保護の義務が課せられています。

民生委員は、関係する専門機関や事業者、専門職が、それぞれの関係する法律等で規制を受けていることも理解しておく必要があります。

3 個人情報保護法の理念を理解しておく

前述のとおり、民生委員は個人情報保護法で直接規制されるわけではありませんが、法の理念や原則等を理解しておくことは大切です。

個人情報保護法は、「Aさんにかかわる個人情報はAさんのものである」という原則を明確にしました。その原則を踏まえて、Aさん本人の知らないところで勝手に情報をやりとりすることを禁じています。この考え方は、民生委員の守秘義務とも共通します。つまり、民生委員は、本人の了解なしにその人の情報を第三者に伝えてはいけないということです。ただし、後述するように明らかに本人の利益になる場合などの例外があります。

3. 日常の民生委員活動のなかで気をつけること

　個人情報を保護するためには常に細心の注意を払う必要があります。以下、基本的な事項を紹介します。

1 支援を開始し情報収集するとき

①民生委員には守秘義務があり、秘密を守ることを相手に伝える。

②情報収集する際は目的を伝え、収集する情報は必要な範囲のみにする（支援に関係のない情報は集めない、聞いても記録しない）。

③支援に必要な範囲で専門機関等に情報提供する場合があることを、あらかじめ相手に伝えて了解をとっておく。どの範囲に何を伝えるかを限定することは難しいので、包括的な同意を得るようにする。その点で、民生委員自身が相手から信頼を得ておくことが重要になる。なお、了解は必ずしも書面でとる必要はなく、口頭でもよい。

2 守秘義務に関しては「家族も他人」と考える

　例えば、民生委員が自宅の電話で個別支援の話をしていると、家族に誰のことを話しているかわかってしまう可能性があります。守秘義務に関しては「家族も他人」と考えて行動する必要があります。ただし、緊急時に手伝いを頼む場合等は当然例外として認められます。

3 書類の管理

①福祉票や世帯票などは絶対に必要なとき以外は持ち歩かない。

②コピーをしない。

③自宅でも安全、確実な方法で保管する（盗難のリスクも考える）。

④支援が終了したら関係する情報は処分する。

⑤所有している個人情報の「棚卸し」をときどき行い、まだ処分していない不要な個人情報が残っていれば適切な方法で処分する。

⑥データ流出の危険があるパソコンやスマートフォン等でデータ管理をしない。

4. 守秘義務には例外がある

1 個人情報保護法の考え方が参考になる

　個人情報保護法第27条は、本人の同意を得ないで第三者に個人情報を提供できる場合を4つ示していますが、そのなかの次の2つは民生委員に課せられている守秘義務の例外の考え方と共通です。

①法令に基づく場合

②人の生命、身体または財産の保護のために必要がある場合であって、本人の同意を得ることが困難であるとき

2 第三者への提供が認められる場合

　前述の①②について民生委員活動にあてはめて考えてみます。

　①の法令に基づく場合には、虐待の通告が該当します。虐待に関しては、当然、本人や家族の了解なしで通報できますし、仮に虐待ではなかったとしても後から責任を追及されることはありません。

　②の例としては、独居高齢者が救急搬送される際にかかりつけ医を救急隊員に教えることや、認知症の高齢者が不要な高額商品を買わされていることを消費生活センターに通報することなどが該当します。

　このように、本人の生命や身体や財産の保護が必要な場合は守秘義務の例外となりますが、その場合、「明らかに本人の保護のために必要」「本人の了解を得ることが困難」の2つが判断の目安になります。

5. 適切に個人情報を管理し活用するために

　個人情報の扱いは、民生委員個々の判断ではなく皆が一定の基準に基づいて行動することが大切です。そのため、民児協として行政や関係機関と協議をして一定のルールを作ることや、定例会で継続的に取り上げ常に適正な取扱いを心がけるようにすることが大切です。

　その他、個人情報保護に関する留意点は多くあります。本書の姉妹書の『新版 民生委員のための地域福祉活動実践ハンドブック』をお読みください。

こんなときどうする？
活動の展開にあたって

11 住民の生活状態を把握する

民生委員の職務には、「住民の生活状態を把握すること」があるということですが、どのようにすればよいでしょうか。

POINT 把握する対象は、全住民ではなく気になる人や支援が必要な人ですが、最初から誰がその対象かはわかりません。そこで、なるべく地域を歩いたり行事に顔を出すなどして、多くの住民と知り合うことが大切です。また、地域の実情に詳しい人に協力を得る方法も考えられます。

1. 「住民の生活状態を把握する」という職務

1 法による規定

民生委員法第14条には、民生委員の職務として「住民の生活状態を必要に応じ適切に把握しておくこと」が規定されています。

2 把握する目的と内容

生活状態を把握する目的は、異変や問題が生じたり、その兆候がみられたときに早く対応し、問題防止や早期解決するためです。

しかし、把握の必要な人がどこにいるのか、どこまで把握することが適切なのかは最初からはわかりません。現に支援していたり、すでに調査等で把握している場合を除けば、問題が顕在化して初めてそこに把握が必要な人（家族）がいることに気づくことが一般的です。

そこで、次に述べる方法で、住民に問題が起きたときに、迅速に直接または間接的に情報が入ってくるようにしておくことが大切です。

2. 住民の生活状態を把握する2つの方法

1 意識して住民と知り合う（直接的把握）

　近所を歩いているだけでも新たな住民と知り合うことは可能ですが、それだけでなく、なるべく地域の集まりに顔を出し、多くの人と知り合うことが大切です。そうすれば、本人から直接、民生委員に相談が来ることもあるでしょうし、その人の知り合いに関する情報を提供してくれることがあるかもしれません。

2 協力者から情報を得る（間接的把握）

　生活状態の把握に限らず、民生委員が一人でできることには限界があります。そこで、地域のなかで協力者を確保することが大切です。

　協力者というと「荷が重くて大変」と思われてしまうかもしれませんが、ここでいう協力者は「支援を手伝ってもらう」協力者ではありません。「とりあえず何か異変に気づいたら私に連絡して」ということを頼んでおき、情報提供をしてもらう協力者です。情報提供だけであれば、協力してくれる人はいるはずです。

　例えば、自治（町内）会、団地等の管理組合、老人クラブ、PTA、婦人会、子ども会、商店街等の組織の役員は、日頃からある程度住民に関する情報が入ってくるはずです。また、組織の役員でなくても、地域に長く住んでいる人、近所の人がよく来るお店の人、趣味の会やサークル活動等に積極的に参加している人なども情報をもっていますので、協力をお願いできる可能性があります。

　なお、情報提供してくれた協力者に迷惑をかけないよう、その後の対応にあたっては情報の出所がわからないように慎重に行動する必要があります。

12 住民から相談を受ける
（大切なこと、気をつけること）

民生委員は相談を受けることが多いとのことですが、相談を受ける
ときに大切なことや気をつけることなどあれば教えてください。

POINT　相談に対応する場合、「問題解決の主体はあくまでも相談者
本人」という原則に立つことが大切です。その原則のうえで、
民生委員には相談者の話を受け止め、必要に応じて情報を提
供したり、関係機関につなぐ役割が期待されています。その
ため、民生委員は相談者になるべく多くの情報や本音を話し
てもらえるよう、聴き上手になる必要があります。相談者を
非難したり、説得したり、指導等をすることは間違いです。

答え　**1. 大切なのは丁寧に話を聴くこと、その先に支援があ
る**

■ 相談内容は多岐にわたる

　民生委員の所に来る相談内容は非常に多岐にわたります。「今晩の
夕食代がない」「子どもを叩いてしまいそうで怖い」というような深刻
な相談がある一方、相談といいながら実際は嫁や近所の悪口を言いた
かっただけという人もいます。当然、相談の内容によって、その後に
民生委員が取るべき行動が違ってきます。

■ 否定や評価をせずに話を受け止めることが大切

　相談内容が多岐にわたるといっても、最初からどのような相談内容
かはわからないわけですから、とりあえずは丁寧に話を聴くことが大
切です。具体的には、相手に全神経を集中させて「あなたの話をしっ
かり受け止めようとしています」という姿勢をもつことが必要です。

また、民生委員は話を聴きながら相談者の話す内容を否定したり評価をしないことも大切です。これは相談者の言っていることを正しいと認めることとは違います。「相談者がこのように言っている」という事実を受け止めるということです。例えば、「○○さんは◇◇と思っているんですね」と言えばいいわけで、「○○さんが◇◇と思っていることは正しいです（または、「誤りです」）」と言う必要はありません。

3 本人の決定を支援し尊重することが原則

　相談者が問題を解決したい場合、その解決方法を決めるのは本人です。民生委員には、適切に判断ができるように必要な情報を提供したりわかりやすく説明する等の役割が期待されます。また、話が混乱しているような場合、可能な範囲で話を整理してあげることも有効です。1回の相談で解決策や今後の方向性を決められる場合もあれば、難しい場合は数回にわたることもあります。

4 本人の判断に沿って支援することの例外

　本人の判断や選択に沿って専門機関を紹介する等の対応が基本ですが、なかには本人の判断をそのまま尊重すると危険な場合もあります。

　例えば、夫から繰り返し暴力を振るわれている妻のなかには正常な判断ができなくなっている人がいます。いったんは周囲から促されて相談に来ても、「やっぱり私が我慢します」という結論を口にする場合があります。このような場合、相談者の気持ちを全く無視していいとはいいませんが、現に危険が予測される以上、危険回避のためにある程度強引にでも関係機関につなぐなどの行動をする必要があります。このような判断は、「子どもを叩いてしまった」という相談で「でも、何とか頑張ります」といった場合も同様です。これらは、本人を被害者や加害者にしないために必要な行動といえます。具体的にどう対応するかは民児協の会長などと相談しながら検討をするとよいでしょう。

2. 相談を受けるときに気をつけること

1 確定的、断定的な話をしない

　例えば、公的サービスについて「大丈夫、必ず利用できますよ」というようなことを言うべきではありません。民生委員にサービス利用の決定権はありません。「利用できる可能性がある」までにとどめるべきでしょう。実際のサービス利用には条件があるわけですから、万が一利用できなかった場合、民生委員は嘘をついたことになってしまいます。

2 曖昧な知識で説明したり質問に答えない

　質問を受けてわからなかった場合には、あとで調べたり、わかる人に聞き、確実にわかってから答えるようにしましょう。あるいは関係機関に直接聞いてもらうようにしてください。曖昧な知識で答えることは間違いです。相談を受けるときには「その場ですべてのことに答えられなくても構わない」という気持ちで臨めばよいでしょう。

3 尋問口調にならないようにする

　適切な支援のためにはいろいろな情報があるとよいのですが、だからといって、「質問攻め」にならないように気をつけてください。相談者は取り調べを受けているような不快な気持ちになってしまいます。

4 話を急がせない

　忙しいとつい話を急がせてしまう場合があります。そうすると、相談者は「大切にされていない」と感じます。程度の問題はありますが、特に最初から急がせるような態度や口調で対応することは間違いです。

　その他、相談を受ける場合の留意点等は多くあります。本書の姉妹書の『民生委員のための相談面接ハンドブック』をお読みください。

13 見守り活動をする

見守り活動をするように頼まれたのですが、具体的には何をすれば
よいのでしょうか。

 民生委員活動のなかで見守りをする活動（以下「見守り」）は
大きなウエイトを占めています。ただし、一口に見守りと
いっても、対象、目的、依頼元等はさまざまです。依頼元が
どのような役割を期待しているのかを理解したうえで、依頼
元とも確認しながら、自分のできる範囲で見守りの方法や頻
度等を考えるとよいでしょう。

 ### 1. 見守りの種類

1 対象

　例えば、独居の高齢者や障害者、高齢者のみの世帯、子育てに課題
がある世帯、虐待の可能性がある世帯、非行のある若者など、地域の
なかで何らかの不安や気がかりなことを抱えていたり、現に問題を抱
えている人や世帯が見守りの対象になります。

2 目的

　見守りの対象者に何らかの異変が生じたときに関係機関に連絡する
ことが主な役割ですが、この場合、大切なことは「迅速に」連絡する
ことです。例えば、市役所の職員は月１回しか訪問できませんが、近
くに住んでいる民生委員ならある程度頻繁に訪問できるだろう、と期
待して見守りを依頼するわけですから、迅速な連絡が期待されていま

す。

　また、子育て世帯の見守りなどでは、親にとっての身近で気軽な話し相手、相談相手の役割を期待されることもあります。

❸ 依頼元

　もともと民生委員は頼まれなくても自分の判断で見守りをしていますが、並行して市町村や児童相談所、社会福祉協議会等から依頼されて見守りをする場合があります。

❹ 相手の了解の有無

　見守りをすることを依頼元の機関が見守りの対象者本人に話して了解を取り付けている場合といない場合があります。後者の場合、特に慎重に行動する必要があります。

2. 見守りの方法や工夫

❶ 接触せずに見守る

　例えば、独居の高齢者の場合は、新聞受けに新聞が残っていない、昼間雨戸やシャッターが開いている、夕方電気がついた、昼間洗濯物が干してあり夕方取り入れた、というように、直接接触しなくても周囲から安否を見守ることができます。一方で、児童虐待などの場合は見守りの対象者本人に「民生委員が見守りをする」と伝えない場合があります。このような場合、家のなかで行われる虐待について外からの見守りだけで気づくことは現実には困難です。

❷ 接触して見守る

　関係機関からあらかじめ伝えてあったり、高齢者等から直接希望を聞いて行う見守りもあります。このような場合は、接触することに障害はないので、直接顔を見て会話をしたりすることで異変が生じていないかを確認することができます。

３ 異変を察知したときに取るべき行動を決めておく

　見守りではさまざまな異変が起こる可能性があるので、そのときに民生委員はどのように動くかをあらかじめ決めておくことが大切です。

　例えば、独居の高齢者が死後ある程度時間が経ってから発見されたときに、「そういえば郵便がたまっていた」「そういえば夜電気がついている様子がなくて、おかしいと思っていた」と後から話しても意味はありません。

　このように、思いあたること、異変の予兆を感じとった場合には、民生委員が訪ねてみるか、それが難しい場合や、訪ねても何の応答もない場合にどうするかを、民児協内や関係機関との間であらかじめ決めておくことが、万が一のときの対応を誤らないためにも必要です。

14 児童虐待の情報提供があったときの対応

アパートの住人から「隣の部屋で子どもを虐待しているようだ」との連絡がありました。どのように対応したらよいでしょうか。行政に通告をしたら親に恨まれたりすることはないでしょうか。

POINT

情報を提供してくれた住民に感謝の言葉を述べたうえで、「児童虐待の防止等に関する法律」（以下「児童虐待防止法」）の主旨を踏まえて、虐待の疑いがあれば速やかに関係機関に通告する必要があります。通告を受けた関係機関は通告者の情報を当事者に伝えることはないので、親に恨まれるというようなことは起こりません。

答え

1. 児童虐待に関する法制度

1 どのような行為が児童虐待になるか

　児童虐待防止法第2条は、虐待として次の4つの類型をあげています。

①殴る、蹴る、タバコの火を押しつける等の「身体的虐待」

②わいせつな行為をしたりさせたりする「性的虐待」

③暴言や無視、子どもの面前での配偶者暴力などの「心理的虐待」

④不適切な減食、医者に連れていかない、着替えさせない、入浴させない、子どもを残しての頻繁な外出などの「放置（ネグレクト）」

　以上の4つの類型に該当する行為が児童虐待であり、そのような行為等を見た人には次に記述する通告の義務が課されています。

2 通告の義務に関する規定

　児童虐待防止法第6条第1項は、「児童虐待を受けたと思われる児童を発見した者は、速やかに」関係機関に通告する義務があると規定しています。ここには大切なことが2点あります。

①実際に見ていなくても通告する義務がある

　通告をするのは「児童虐待を受けた児童」を発見したときではなく、「児童虐待を受けたと思われる児童」を発見したときです。

　この内容は、次のような法改正で生まれました。

児童虐待防止法における通告義務の変化

法制定時の規定	法改正	改正後の現在の規定
児童虐待を受けた児童を発見した者	⇒	児童虐待を受けたと思われる児童を発見した者

　法制定時の規定だと、叩いている場面を見たなどの確実な場合しか通告できなかったため、通告をためらい対応が遅れて重大な結果につながったことがありました。そこで、児童虐待にかかわる通告の要件を「受けた児童」ではなく「受けたと思われる児童」に変更しました。こうして、虐待の現場を見ていなくても、そのように思われる場合には通告する義務が明確になりました。

②通告は速やかに行う

　通告をためらっていると最悪の結果になることもあります。虐待の可能性があればためらわずに通告することが大切です。

3 通告義務と守秘義務

　児童虐待防止法第6条第3項には「他の守秘義務に関する法律の規定は、児童虐待に関わる通告をする義務の遵守を妨げるものではない。」という主旨の規定があります。そのため、児童虐待の通告に伴っ

て個人情報等を関係機関に伝えても、守秘義務違反の責任は問われません。

2. 児童虐待の通告と民生委員の位置づけ

児童虐待防止法第6条第1項は、児童虐待に関する住民からの通告の方法として、①市町村、福祉事務所、児童相談所等の行政機関に通告する、②児童委員（民生委員）を介してそれらの機関に通告する、の2つをあげています。

住民のなかには、直接行政に通告することをためらったり、「自分が知らせたことが親にわかってしまうのではないか」と心配する人がいます。そのような人は、行政ではなく民生委員に連絡してくる場合があります。本項もそのような場合の対応についての質問です。

3. 通告を受けたときの留意点

通告者に対応する際には、次の点に留意することが大切です。

■1 通告者の不安に配慮すること

通告者のなかには、例えば、「通告したことで逆恨みされないだろうか」「間違いだったらどうしよう」といった不安をもつ人がいます。民生委員から「通告者の秘密は固く守られる」「間違っていても何ら問題ない」等を丁寧に話し、通告者の不安をなるべく取り除いてください。

■2 事実と伝聞を確認する

通告者が話している内容が、通告者自身が直接見たことなのか、誰かから聞いたことなのかを確認して情報を整理する必要があります。ただし、これは通告者が直接見ていないから受け付けないということではなく、民生委員が専門機関に伝えるときにその点を整理して伝える必要があるということです。

■3 民生委員の役割について理解を求める

通告者のなかには「すぐに何とかしてくれ」「その後どうなったか後

で教えてくれ」という人もいます。それだけ心配しているということでしょうが、民生委員にできることは限られていること、守秘義務があることなどを丁寧に話し、理解を得るようにする必要があります。

4. 専門機関に通告する

❶ 児童虐待の防止や対応にかかわる専門機関

①児童相談所

すべての都道府県と指定都市、一部の市や区に設置されています。児童虐待だけでなく児童福祉全般に携わる専門機関です。

②市町村の児童福祉担当部署

基礎自治体である市町村は、住民の福祉全般に対応しています。通告先がわからなかったり迷う場合には、まずは市町村に連絡することが確実な方法です。

③警察

命にかかわるような危険な行為が行われていると思われる場合には、躊躇せずに警察に連絡してください。

❷ 適切に通告し見守る

迅速に専門機関に通告することが大切ですが、その時点で当該家庭の情報があればそれも含めて通告すれば、より迅速で適切な対応が可能になります。ただし、詳細な通告をするためにわざわざ新たに情報収集する必要はありません。

通告をした後、あらためて専門機関から調査協力を依頼されたり、要保護児童を適切に支援するために関係機関が集まって情報交換や支援内容を協議する要保護児童対策地域協議会への参加を求められる場合もあります。仮にそれらの依頼がなくても、当該家庭を注意深く見守り、異変等に気づけば関係機関に知らせることも大切です。

15 配偶者暴力の情報提供が あったときの対応

「近所の奥さんがご主人から暴力を振るわれているようだ」との通報がありました。どのように対応すればよいでしょうか。

POINT

家のなかで行われていることはなかなか外からはわかりません。また、暴力を受け続けていると助けを求めることをしなくなってしまう場合があります。外部の人でもわかるようなことが起きているとすれば、事態がかなり深刻化している可能性があります。一人での対応は難しいので、早い段階で配偶者暴力相談支援センター等に連絡をしてください。

答え

1. ドメスティック・バイオレンスとは

夫婦間の暴力を一般にドメスティック・バイオレンス（以下「DV」）といい、直訳すると「家庭のなかでの暴力」になりますが、一般には家庭のなかの夫婦間の暴力をさす言葉として DV が使われています。多くは夫からの妻に対する暴力ですが、まれに逆の場合もあります。

2. DV 防止法による取り組み

1 法が及ぶ範囲

DV の防止のために 2001（平成 13）年に制定された「配偶者からの暴力の防止及び被害者の保護等に関する法律」（DV 防止法）は、夫婦（事実婚を含む）および元夫婦に加え、同居の恋人間での暴力も対象にしています。

2 DV の内容

　DV には、叩く、蹴る等の暴力だけでなく、刃物等で脅す、大声で怒鳴ったり暴言を吐く、性行為を強要する、過度に束縛する等の行為が含まれます。

3 DV 防止対策

①発見者の通報努力義務

　DV を発見した者は、配偶者暴力相談支援センターや警察官に通報するよう努める義務があります。

②保護命令

　身体への暴力により重大な危害を受けるおそれがある場合に、被害者からの申し立てに基づいて、裁判所がその配偶者等に対し、被害者やその子、親族などへの接近禁止命令を出します。また、現在同居している場合には退去命令を出します。電話やメール等の禁止命令もあります。

③配偶者暴力相談支援センターと「シェルター」

　都道府県が設置している婦人相談所等に配偶者暴力相談支援センターの機能をもたせ、被害者の自立や情報提供等の支援を行うとともに、必要に応じて一時保護を行います。一時保護をする場所は、併設の保護施設のほか、母子自立支援施設や一定条件を満たす民間のシェルターと呼ばれる場所を活用する場合もあります。

3. DV の特徴と民生委員の役割

1 加害者の特徴

　DV の加害者には、日頃から乱暴な人がいる一方で、見た目はやさしくおとなしい人もいます。見た目や雰囲気だけで「そんなことをするはずがない」と思い込むことは対応を誤る危険があります。

2 被害者の特徴

　DV 被害者が自ら「逃げない」「訴えない」場合があるのは、被害者の次のような心情や事情が考えられます。

> ・繰り返し継続的に暴力を受けることで無力感が植えつけられる
> ・逃げて見つかったら何をされるかわからない、という恐怖心がある
> ・いつかは気づいてやめてくれるだろう、という期待がある
> ・妻（被害者）が無収入で、夫（加害者）の収入に頼らざるを得ないといった経済的事情がある
> ・子どもがいる場合、子どものことを考えて我慢してしまう

3 子どもへの影響

　DV が子どもの目の前で行われると、子どもは心に深い傷を負い情緒不安定になります。そして、DV を繰り返し見ていると、問題への対処方法として暴力や脅しという方法がある、という間違った感覚を子どもが身につけてしまうことがあります。児童虐待防止法でも、子どもの面前での DV は心理的虐待と位置づけています。また、児童虐待をしていた母親が夫から DV を受けていたという例もあります。

4 民生委員の役割と支援の方法

　加害者に気づかれずに被害者と会える場合は、丁寧に被害者の話を聴いてその意思を尊重して対応することが大切です。ただし、前述のとおり、被害者が本心を見せない場合があることに注意してください。

　また、相談したことが加害者に知られないように、特に厳格に守秘義務を守る必要があります。同時に、民生委員が逆恨みを受けることがないようにも注意してください。

　DV への対応は難しい場合が多いので、早い段階で市町村や配偶者暴力相談支援センター、警察等に相談してください。

16 災害にかかわる民生委員の役割

一人暮らしの高齢者から「災害のときには必ず私の所に助けに来て」と頼まれました。どう答えればいいのでしょうか。そもそも災害時に民生委員にはどのような役割があるのでしょうか。

民生委員は災害時に特定の人の避難支援をする義務はありません。そこで、まず「そのような約束はできない」と伝えるとともに、その人の不安を受け止め、その高齢者が近隣との関係が希薄な場合には、近隣との関係を構築し、災害時に気にしてもらい、支援が得られるような関係づくりをお手伝いするとよいでしょう。

災害に際して民生委員に期待される役割は、日頃から関係機関と協力して地域住民の防災意識を高めるとともに、高齢者や障害者等の支援が必要な人（以下「避難行動要支援者」）を皆で支え合えるような地域社会づくりを進めることです。

1. 民生委員が個別の避難支援や避難誘導をするという誤解

　民生委員は消防や警察や自衛隊などと違い、装備もなければ訓練を受けているわけでもなく、そもそもそのような基準で選ばれるわけではありません。当然ですが、民生委員には職務として誰かの避難支援や誘導、救助等をする義務はありません。まずは、自分や家族の安全が最優先ということを強く意識してください。

　もちろん、大雨が予測されるとき、まだ十分安全な時期に民生委員が避難行動要支援者の手を引いたり車いすを押して一緒に避難すると

いうことはあるでしょう。余裕があれば、そのような支援をすることは望ましいですが、それを義務と考える必要はありません。あくまでも民生委員自身の安全が確保されているなかで行えばよいと考えてください。

2. 災害にかかわる民生委員の活動を時期を分けて整理する

災害に関連した民生委員活動は、平常時、災害発生時、災害発生後に区分することができます。この区分に沿って民生委員の役割や活動のポイントを整理します。

1 平常時

①自分自身の備えをしっかりしておく

日頃から避難場所や経路を確認する、必要なものを揃え備蓄しておく、家具の転倒防止をする等、まずは民生委員自身が自分や家族のために必要な準備をしておくことが大切です。

②避難行動要支援者が行う備えを地域の協力を得て支援する

同様に、避難行動要支援者も、まずは自分でできる備えをしておくことが大切です。その場合、例えば、自力で家具の転倒防止金具を付けることができなければ、できるだけ近隣住民に手伝ってもらい、相互の関係が深まるようにすることが大切です。そのようにして、支援が必要な人の存在が地域の人に知られれば、それだけ災害時に支援をしてもらえる可能性が高まります。

③災害に備えた地域づくりを進める

災害時に避難行動要支援者の存在が周囲の人から見逃がされ、忘れられることがないような地域づくりが大切です。そのためには、日頃からお互いを知る機会を多く作り、災害時にどのように行動するかを話し合うことが必要です。防災訓練や避難訓練の際には避難行動要支援者にも参加してもらい、一緒に避難路を移動するような取り組みを

すれば災害時の円滑な支援につながります。現代は近隣関係が希薄化したといわれますが、防災はすべての住民に共通するテーマです。防災を手がかりに、地域住民のつながりを強める取り組みを進めている地域もあります。

2 災害発生時

①地域のためにも自分や家族の安全確保を最優先する

前述したとおり、災害時、民生委員も被災者になる（可能性がある）わけですから、何よりも自分や家族の命を守り、被害や損失を最小限にするように行動することが大切です。その結果、被害がないか少なければ、その分、周囲に対する支援に力を注ぐことができます。

②可能な範囲で避難行動要支援者等に対し情報提供や避難支援をする

例えば、「大きな台風が来る」「大雨が予測される」等の場合、ある程度準備する時間があるので、避難行動要支援者に対して情報提供をして注意喚起することができます。また、安全の確保を前提に、早い段階で避難を支援することも考えられます。これらのとき、前述の日頃からの関係づくりができていると、近隣の住民の協力を得やすくなります。

③自分が率先して避難することも避難支援になる

東日本大震災では、避難するかどうか迷っていた人が、高台に向かって必死に走る人の姿を見て自分も避難して助かった例があります。災害の種類や状況にもよりますが、例えば、「大変だ、早く避難しよう」と大声を出しながら必死に避難する姿は、誰かに避難を促す原動力になります。

3 災害発生後

①最も弱い人、後回しにされそうな人のことを考え代弁する

　災害で避難所が開設されるとさまざまな人が避難してきますが、大声で要求を主張するような人のことは行政に任せてください。避難所での民生委員には、「自分の要望を言えない人」「声をあげにくい人」のことを気にかけ、その気持ちを汲み取りながら、その声を代弁したり要望を後押しする役割が期待されます。

②避難所にいない人のことを考える

　多くの人が避難所に避難しているときに、自宅にいて避難しない人がいます。この場合、最初から避難しない人と一度避難してその後に自宅に帰った人、の2つの場合が考えられます。

　最初から避難しない人の事情はいろいろですが、なかには、家族に障害のある人や介護が必要な人がいて迷惑をかけるので避難しない、という人がいます。同様に一度避難したものの、周囲の視線に耐えきれず自宅に戻るということもあります。

　自宅にいる人を無理に連れ戻すのではなく、避難所にいる人と同じ情報や食料などが入手できるように連絡をすることや、可能なら食料などを届ける役割が民生委員には期待されます。

3. 行政や民生委員協議会の決まりを知って活動する

　本項では、災害時要援護者の名簿作成や管理に関すること、名簿の第三者への提供に関すること、災害時の民生委員相互の連絡方法、他の機関との連携や役割分担の方法等について触れませんでした。なぜなら、これらのことは民生委員が個人で決めることではなく、行政や民児協が決めることだからです。

　民生委員は、これらのことがどのように決められているかを確認し、そのルールを尊重しながら活動するように心がけてください。

17 掃除やゴミ出しなどの家事支援を頼まれたときの対応

独居の高齢者から、部屋の掃除やゴミ出し、買い物を頼まれたりすることがあります。どのように対応すればよいでしょうか。

掃除やゴミ出しなどは民生委員の役割ではありません。まずそのことをはっきり伝えてください。そのうえで、必要に応じてどのような支援が受けられるかを考え、関係機関に相談したり、紹介することも考えられます。ただし、仮にそれがうまくいかなかったとしても、「民生委員個人が最後まで責任をもつ」必要は全くありません。

1. 民生委員が行う援助の範囲

　民生委員の職務について規定している民生委員法第14条第1項第2号、第3号にはそれぞれ次のような規定があります。

第14条
　二　援助を必要とする者がその有する能力に応じ自立した日常生活を営むことができるように生活に関する相談に応じ、助言その他の援助を行うこと。
　三　援助を必要とする者が福祉サービスを適切に利用するために必要な情報の提供その他の援助を行うこと。

　このうち、第3号に出てくる「援助」は、その目的が「福祉サービスを適切に利用するため」であり、例えば、福祉サービスの内容をわかりやすく説明することなどが該当すると考えられます。

一方、第2号にある「援助」がどのような内容なのかを限定することは困難ですが、その前段には「自立した日常生活を営むことができるように」とあることから、少なくとも、自立を妨げるような「頼まれたら何でもすること」が誤りであることは明らかです。

　自分でできるにもかかわらず家事を頼んでくるような場合ははっきり断り、それ以上対応する必要はありません。どうしても必要だということであれば有料のサービスを紹介すればよいでしょう。

2. 必要な支援を検討する

　一方、高齢者がこれまでは自分でできていたことが実際に難しくなったために民生委員に頼んできたような場合は、介護保険が利用できる可能性があるので、とりあえず地域包括支援センターに相談してみるとよいでしょう。

　ただし、実際に本人は相当大変になっている場合でも、要介護認定の結果次第で介護保険が利用できないこともあります。そのようなときには、本人が費用負担できれば家事支援を行う会社や、比較的低料金でサービス提供するNPOやシルバー人材センター等を紹介することも1つの方法です。また、費用負担が難しい場合は社会福祉協議会に相談して、ボランティアによる対応ができないかを検討してもらう方法もあります。

3. ルールを明確にしておく

　いずれにしても、必要性が高いからといって民生委員が引き受ける必要は全くありません。なかには、「前の民生委員はやってくれたのに」と言う人がいるかもしれませんが、その場合には、「組織としてやらないと決まっている」と答えればよいでしょう。そのためにも、個々の民生委員が対応で迷わないように民児協としてルールを明確にし、かつ民生委員がその内容を守ることが大切です。

18 「証明」を書いてほしいと頼まれたときの対応

住民から「証明書を書いてほしい」と言われたのですが、初めて会った人で生活の様子は全くわかりません。どのように対応したらよいでしょうか。

 POINT　証明を頼まれたからといって、無条件に対応する必要はありません。原則として、①福祉の支援の一環として必要性がある、②民生委員でないと確認が難しい（他の方法がない）、③民生委員が実際に内容を確認できる、のいずれにも該当した場合のみ対応することになります。

 答え　**1. 「証明事務」とは**

1 住民に対する援助の一環としての「証明事務」

　民生委員は、例えば、公的サービスの利用申込みに添付するために住民から証明書の作成を頼まれることがあります。このような事務のことを便宜的に「証明事務」といいますが、「証明事務」は民生委員の職務として法で明記されているわけではありません。あくまでも住民生活の支援の一環として依頼を受けた場合に対応をしてきました。

2 証明するのではなく「状況報告」や「調査結果」でよい

　厚生労働大臣から委嘱を受けて公的な立場をもっている民生委員だからこそ信用されて証明を頼まれるわけですが、証明するということは、場合によっては証明をした民生委員に何らかの責任が生じます。

　しかし、民生委員は調査権限などがないなかでわかる範囲のことを

書面にしているに過ぎません。そこで、「証明事務」という言い方をやめ、「状況報告」や「調査結果」と言い換えている場合もあります。

2. 証明（状況報告）に対応するものとしないもの

　証明を頼まれたからといって、無条件に対応する必要はありません。次のことを目安にして、対応するかどうかを考えてください。

■1 証明に対応するもの

①内容が住民の生活支援になり公的サービス等の利用につながるもの
②民生委員の協力が法律や通知等で規定されているもの

　例えば、就学援助の認定や各種手当の申請にあたって、あらかじめ定められた書式によって民生委員が家庭の状況などを証明することが該当します。

■2 証明に対応しないもの

①証明する事実を確認できないもの

　内容の裏付けを取らずに証明をすることは誤りです。「自分を信用しないのか」と言われても、証明する必要はありません。「信用の問題ではなく、確認できないものは証明できない」と答えればよいでしょう。

②公的証明書や別な方法で内容の証明ができる場合
③裁判に使用したり利害の争いに関連するもの

3. 対応する際には

　証明すると責任を伴うからといってなるべく断るということではなく、必要な支援が受けられなくなることがないよう、民生委員として証明できない場合には、代替手段をアドバイスすることが大切です。特に民生委員になってすぐの場合、初めて名前を聞く書類もあり判断に迷うことが多いでしょうから、必ず民児協の会長や市町村の担当者等に聞いたうえで対応するとよいでしょう。

19 保証人になってほしいと頼まれたときの対応

身寄りのない高齢者が入院するので、病院から保証人になってほしいと頼まれました。どのように対応したらよいでしょうか。

民生委員は保証人になる必要はありません。そもそも保証人が必要ないのに保証人が必要と言っている場合もありますが、対応は市町村や地域包括支援センター、社会福祉協議会等に相談するとよいでしょう。

1. 保証人の役割と必要性

1 保証人の責任の範囲

　病院への入院、特別養護老人ホームの入所、アパートの入居、金銭の借入、就職等の場合に保証人を求められることがあり、皆さんのなかにも親戚から頼まれて保証人になっている人は少なくないと思います。

　保証人の役割や責任の範囲はそれぞれの場合で異なりますが、入院の場合、「診療への協力、入院中の身の回りの世話、死亡時の遺体の引き取り、医療費の支払い等」が保証人の責任になります。これらをみてみても、明らかに保証人の責任の範囲は民生委員の役割の範疇を超えていることがわかると思います。

2 本来、保証人は入院の条件ではない

　病院や特別養護老人ホームは、正当な理由がない限り、医療やサービス利用を断ってはならないという決まりがあります。「保証人がい

ない」「身寄りがない」といったことは、ここでいう「正当な理由」には該当しないので、それらを理由に利用を拒否する（入院を断る等）ことは厳密にいえば法律違反になります。

2. 保証人にはならず必要な支援につなぐ

1 民生委員は保証人にならずに必要な支援につなぐ

「民生委員は保証人にならない」、これが原則です。

病院から保証人を頼まれたら、断ったうえで、まず、緊急連絡先等がわかっていればその人に対応を頼んでください。その人が関わりを拒んだり、そもそも緊急連絡先がわからないときは、市町村や地域包括支援センター、社会福祉協議会などに対応を依頼してください。

2 保証人になってもよい場合

民生委員はいかなる場合にも保証人になってはいけない、ということはありません。例えば、「本人と昔から家族のような付き合いをしている」「昔、世話になったので恩返ししたい」ということがあるかもしれません。そのような場合、民生委員としてではなく、個人として保証人になることは問題ありません。

3 保証人を事業としている団体を安易に紹介しない

一人暮らしや身寄りのない高齢者が増えるなかで、死後の対応まで含めて契約する「保証人ビジネス」が拡大していますが、この事業者は、いわば玉石混淆の状態です。低料金できちんと最後まで責任をもって対応する良心的な事業者もあれば、その逆に高額な料金を取りながらきちんと対応しない事業者もあります。

したがって、民生委員が事業者を紹介することは危険です。仮に「優良事業者」と見えるところでも、実態はなかなかわかりません。もしそのような情報を必要としている場合には、他の専門機関等で情報を入手するようにアドバイスをすればよいでしょう。

20 お金にかかわることを頼まれた ときの対応

支援している住民から「月末に給料が入れば確実に返せるので、お金を貸してほしい」と頼まれました。また、別のケースでは、軽度の認知症で一人暮らしをしている高齢女性の離れたところに住んでいる息子さんから、「なるべく早く同居するつもりだが、それまでの間、少額のお金を定期的に預けるので日常的な金銭管理をしてもらえないか」と頼まれました。このようなお金にかかわる依頼をされた場合、どのように対応したらよいのでしょうか。

POINT 「民生委員はお金の貸し借りや預かりなどは絶対にしない」、これが大原則であり、例外はありません。もし、本当に困っているような場合であれば、それぞれに対応する支援の仕組みがあるので、それらを紹介すればよいでしょう。

答え

1. 金銭にかかわる民生委員活動の原則

　民生委員は地域福祉のために活動しますが、そのなかに住民と個人的にお金をやりとりすること（貸し借りだけでなく預かることも含む）は一切入っていません。住民のなかには、「困っているんだから民生委員なら助けてくれてもいいはずだ」「「困ったときは何でも相談して」と言っていたのに話が違う」という人がいるかもしれません。しかし、いかなる理由でも民生委員は金銭のやりとりをしてはいけません。

　ただし、これらの場合、「本人や家族が餓死してしまうかもしれない」（貸借の場合）、「誰かにだまされてお金をとられてしまうかもしれない」（管理が必要な場合）という心配は確かにあるわけですから、ただ

断って終わりではなく、それらの問題に対応可能な制度を紹介したり、関係機関につなぐ役割が民生委員には求められます。

2. 借金を申し込んできた人に対応する制度

　この場合、現に働いていて収入があるが一時的にお金が足りない場合であれば、社会福祉協議会が行っている緊急小口資金を利用できる可能性があります。また、働いていない人でも、一定の条件に該当し、所要の手続きを踏めば利用できる場合もあります。いずれにしても、利用には条件があるので、詳細は社会福祉協議会に相談するとよいでしょう。

　一方、すでにお金がない状態が続いていて、貯金も底をつき、本人が障害や高齢等で働いて収入を得られる見込みがない場合には、生活保護を受給できる可能性があります。この場合、現金がないことだけでなく、活用可能な資産や扶養義務者の状況等によって受給できるかどうかが変わるので、地方自治体の福祉課や福祉事務所に相談するとよいでしょう。

3. 金銭管理が必要な人を支援する制度

　本人の認知症の進み具合（判断能力の低下の程度）に応じて、次の2つの制度のいずれかの利用が考えられます。

1 成年後見制度の利用

　判断能力が相当程度低下している場合に利用できます。民法に基づき、判断能力が低下した本人に代わって後見人等が法律行為を代理することで本人の権利を守るものです。利用するためには家庭裁判所に審判の申し立てをする必要があります。市町村の福祉課や社会福祉協議会、弁護士会などが利用手続きの相談に応じています。

2 日常生活自立支援事業の利用

　社会福祉協議会が行政から補助を受けて行っている福祉サービスで

す。預金通帳や印鑑を預かり、あらかじめ決めた金額（少額）を定期的に下ろして本人に届けたり、振込手続きの代行等をします。社会福祉協議会が本人と契約を結んだうえでサービスを提供するので、本人にある程度判断能力があることが必要ですが、軽度の認知症や知的障害であれば、多くの場合、利用可能です。

　この事業では、金銭管理がうまくできない人が手元に預金通帳を置いておかずにすむので、詐欺の被害を未然に防ぐことができた事例もあります。

　なお、この事業は施設利用者や入院中の人も利用できます。利用する場合には、地元の市町村の社会福祉協議会に相談してください。

第 3 章

民生委員活動の
大切なパートナー

2016（平成28）年に全国民生委員児童委員連合会が行った「民生委員制度創設100周年記念全国モニター調査」では、単位民児協と関係機関との連携状況についての質問がありました。

　その結果、「強く連携できている」と回答のあった関係機関は、
・1位が地域包括支援センター
・2位が市町村社会福祉協議会（支所含む）
・3位が福祉事務所／役所の福祉担当課
でした。

　この他にも、児童相談所、小・中学校、保育所／幼稚園／認定こども園、警察・消防、保健所・保健センター、消費生活センター等、さまざまな機関と連携しながら民生委員は活動しています。

　本章では、民生委員が活動するうえでの連携、協働のパートナーともいえる10の機関・団体を取り上げ、それぞれの仕組みや役割、民生委員との関わりなどを解説します。

21 市町村（地方自治体）

民生委員は市町村とどのような関わりがあるのでしょうか。

POINT

民生委員と市町村の関係は大きく分けて次の4つがあります。
1. 市町村が民生委員制度（活動）の事務局としての役割を担う
2. 市町村の業務に民生委員が協力する
3. 市町村と民生委員が連携、協働して個々の住民の問題解決を図る
4. 民生委員協議会として市町村に提案や要望をする

なお、市町村といっても実際にかかわるのは個々の職員です。内容により部署も変わりますが、ここでは福祉事務所も含め、市町村のさまざまな部署やその職員のことを市町村と記述します。

答え

市町村は「住民の福祉の増進を図ることを基本として、地域における行政を自主的かつ総合的に実施する役割を広く担う」（地方自治法第1条の2第1項）ための機関です。民生委員にとって最も身近な専門機関であり日常的に連絡をとることになりますが、その関係は次の4つに大別されます。

1. 市町村が民生委員制度（活動）の事務局としての役割を担う

民生委員は法に基づく公的立場があることから、行政の責任として市町村が次のような役割を担っています。

■ 民生委員の選任や委嘱、活動にかかわる各種事務を行う

民生委員法第3条は「民生委員は、市（特別区を含む。）町村の区域

にこれを置く。」と定め、民生委員活動の基盤を市町村に置いています。

　そこで、市町村は、民生委員の選任や委嘱の手続き、研修や関係書類の整備、活動に伴う事故への対応や見舞い制度の適用、活動記録を集約して都道府県に報告する等の事務を行っています。

② 民生委員活動を支援する

　例えば、「遠隔地で開催される研修会参加のために市町村のバスを手配する」というように、民生委員活動が円滑に進むように支援しています。また、市町村は民生委員からのさまざまな問い合わせや情報提供依頼にも対応しています。民生委員活動のなかで不明な点があれば、民児協の仲間や会長に聞く方法もありますが、とりあえず市町村の民生委員の担当者に問い合わせることも有効な方法です。

2. 市町村の業務に民生委員が協力する

　住民全体が対象の場合と個々の住民が対象の場合があります。

① 市町村が住民全体を対象にして行う業務に民生委員が協力する

①福祉に関するお知らせなどを配付したり説明する等の広報への協力

②福祉に関する台帳作成や調査等への協力

③市町村が行う行事への参加、協力

④市町村の各種委員への就任

⑤災害時の安否確認や情報収集等

　以上のような市町村に協力する役割は、同時に民生委員の活動を広げる機会にもなります。例えば、配付を頼まれたチラシを手渡しすれば相手の様子がわかりますし、それをきっかけに関係が生まれるかもしれません。もし、チラシを郵便受けに入れるだけなら時間は節約できますが、せっかくの本人との接触のチャンスを逃してしまいます。

　このように、市町村から何かの役割を頼まれたら、積極的にその機会を活かす視点をもちながら活動するとよいでしょう。

2 市町村が個々の住民に対して行う支援に民生委員が協力する

　民生委員法第17条第2項には「市町村長は、民生委員に対し、援助を必要とする者に関する必要な資料の作成を依頼し……」という規定があります。これは民生委員が地域住民に近い位置にいるからこそ依頼される事項です。民生委員としては、可能な範囲で情報収集をして市町村に情報提供すると考えればよいでしょう。

　また、民生委員は、市町村からすでに市町村がサービス提供している世帯等の見守りを頼まれることがありますが、その場合は、どのような点に留意する必要があるのかを、担当者に十分確認をしてから行うことが大切です（見守りについてはp.41の**問13**も参照してください）。

3. 市町村と民生委員が連携、協働して個々の住民の問題解決を図る

1 連携、協働の考え方

　住民の抱える問題が顕在化する場合、先に民生委員がキャッチする場合と市町村がキャッチする場合があります。すべての問題で民生委員と市町村が連携、協働するわけではありませんが、必要に応じて相互に情報提供しあい、連携、協働して支援をすることになります。前述2の2の情報提供や見守りなどもその1つといえます。

2 民生委員法における協力の規定

　民生委員法は「福祉事務所その他の関係行政機関の業務に協力すること。」（第14条第1項第5号）を民生委員の職務として定めています。また、次のように各分野の法においても協力することが規定されています。

3 各法律のなかで民生委員の協力が規定されている

　生活保護法は「民生委員は、この法律の施行について、市町村長、

福祉事務所長又は社会福祉主事の事務の執行に協力するものとする。」
（第22条）と規定しています。また、老人福祉法は「民生委員は、こ
の法律の施行について、市町村長、福祉事務所長又は社会福祉主事の
事務の執行に協力するものとする。」（第9条）と規定しています。

　前述以外の各福祉分野の法も同様に、民生委員の協力を規定してい
ます。

４ 民生委員が協力するときの考え方

　市町村から求められる協力の内容はさまざまですが、実際に協力を
要請された場合、可能な範囲で協力することになります。専門職の場
合は、法によって「しなければならないこと」が明確になっており、
それは必ずしてもらわなければ困りますが、民生委員は専門職ではあ
りません。民生委員は、あくまでもできる範囲で協力すればよいとい
うことです。

4. 民生委員協議会として市町村に提案や要望をする

　民生委員法第24条第2項は「民生委員協議会は、民生委員の職務に
関して必要と認める意見を関係各庁に具申することができる。」と定
めています。これは、通称「意見具申権」といわれています。

　法では、意見具申する相手を「関係各庁」と幅広く規定しています
が、市町村がその中心になります。意見具申できる内容は「民生委員
の職務に関して必要」なことなので、幅広い事項が該当します。

　民生委員が地域で活動していて気になったことや改善してほしいこ
とのなかで、市町村が動くことで解決可能だと思われる事項があれば、
民児協で相談して市町村に意見を提出することが期待されます。

22 社会福祉協議会

社会福祉協議会とはどのような組織でしょうか。民生委員とはどのような関わりがあるのでしょうか。

POINT　社会福祉協議会(以下「社協」)は、全国の市町村等に設置された地域福祉を進めることが法律で定められている組織です。社会福祉法人格をもち、専任職員が配置されるとともに、地域の福祉関係者の協力を得てさまざまな事業を行っています。民生委員が地域福祉活動をするうえで、最も重要なパートナーといえる組織です。

答え

1. 社会福祉協議会とは

■ 社会福祉協議会の成り立ちと法の規定

①市町村社協

　第二次世界大戦後、現在の全国社会福祉協議会の前身組織が結成されたとき、民生委員が中核的メンバーとして参画し、その後、都道府県、市町村に社協が整備される際にも民生委員は中核メンバーとして参画しました。そのため、多くの市町村社協で民生委員の代表が会長や副会長、理事等の役員になり、市町村社協の運営に参画しています。

　市町村社協は「地域福祉の推進を図ることを目的とする団体」(社会福祉法第109条)と規定されています。

②地区社協

　市町村社協は、地域福祉事業を行うために地区社協を設置すること

があります。法律に規定はなく、自由に置くことができ、名称も地区社協だけでなく、支部社協や校区社協等の場合があります。

2 事業内容

社協の事業は市町村ごとに異なりますが、生活福祉資金貸付事業や日常生活自立支援事業のように、制度に基づいてどこの社協でも行っている事業があります。また、ボランティア養成や福祉教育、福祉啓発イベント等はほとんどの社協が行っています。

一方、サロン活動や食事サービス、見守り活動、移送サービス等は実施率に差があります。これらの事業は実施主体が市町村社協の場合と地区社協の場合があります。

この他、社協は介護保険の在宅サービスや社会福祉施設を運営している場合もあります。

2. 民生委員と社会福祉協議会の連携、協働

1 民生委員と社会福祉協議会とは不可分の関係

各市町村社協で行っている心配ごと相談事業(名称はさまざまです)は民生委員が中心となって担っています。また、生活福祉資金（当初の名称は「世帯更生資金」）の貸付事業も、もともとは民生委員の運動から生まれました。このように、社協の事業と民生委員活動とは不可分であり、今後もこの関係は変わることはないでしょう。

2 社会福祉協議会の行う事業の内容を理解して連携、協働する

住民の問題解決で公的サービスが使えない場合、社協が行っているインフォーマルなサービスが利用可能な場合があります。また、日常生活自立支援事業や生活福祉資金貸付事業等、社協が行っている事業の内容を理解しておくと、個別支援で役に立つことがあります。市町村ごとに実施状況や事業内容が異なるので、日頃から地元の社協から話を聞いておくとよいでしょう。

23 地域包括支援センター

地域包括支援センターとはどのような組織でしょうか。民生委員とはどのような関わりがあるのでしょうか。

POINT

地域包括支援センター（以下「センター」）は、高齢者の支援全般の相談に対応する機関です。対応する問題の範囲が広いので、高齢者への対応で困った場合には、とりあえず相談にのってくれる、いわば何でも相談的な機能をもっている頼れる機関です。

答え

1. 地域包括支援センターとは

1 設置と体制

　センターは介護保険法に基づいて地域の高齢者の包括的支援を担う中核的機関として、市町村、または市町村から委託を受けた社会福祉法人や医療法人などが設置、運営しています。1市町村に最低1か所ありますが、人口の多い市部等では1つのセンターが担当する区域を人口2～3万人程度の「日常生活圏域」とし、複数が設置されています。

　センターには次の3種類の専門職が配置され業務を行っています。
①保健師（または一定以上の経験のある看護師）
②社会福祉士
③主任ケアマネジャー

2 事業内容

センターでは、高齢者やその家族などを対象に次のような業務を行っています。

①総合相談支援業務

介護保険に限らず、医療や福祉などの地域にあるさまざまな社会資源を活用して、高齢者が適切にサービス利用できるように支援します。

②権利擁護業務

高齢者を狙った詐欺や悪質商法などの予防や被害救済、虐待の早期発見や対応や予防、成年後見制度の利用支援等を行っています。

③介護予防ケアマネジメント業務

介護保険の予防事業の対象者となっている高齢者に対して「介護予防ケアプラン」の作成等による支援を行っています。

④包括的・継続的ケアマネジメント支援業務

介護保険のケアマネジャーが行っている「ケアマネジメント」の業務を、センターにいる主任ケアマネジャーがサポートします。

2. 地域包括支援センターと民生委員の連携

全民児連の調査では、民生委員が連携している機関のトップはセンターでした。その背景には、「高齢者の家に最近怪しい人が出入りしているようだ」「最近息子から虐待を受けているようだ」といった、民生委員としては気になるが当事者が相談しない（相談に行かない）ような事例に、センターの専門職が積極的に対応してくれることがわかってきたことがあるのではないかと思われます。

一方、センターの職員からは地域の把握のために民生委員に期待する声が聴かれ、例えば、センターが主催する「地域ケア会議」でも民生委員の発言は役に立つという声が多くあります。

今後とも、高齢者の支援のために両者の連携、協働が期待されます。

24 児童相談所

児童相談所とはどのような役割をもった機関でしょうか。民生委員とはどのような関わりがあるのでしょうか。

児童相談所は、児童福祉にかかわる専門的事項を担当する行政機関です。児童虐待の対応だけでなくさまざまな業務を行っています。専門的に行う判定に基づいて子どもや保護者などに対する助言や指導などを行うとともに、虐待などで緊急性があれば強制的な対応を行うこともあります。民生委員との関わりでは、民生委員が虐待などを通告する場合と、逆に児童相談所から調査や見守りなどを依頼される場合があります（なお、以下の文中では、法律の表現として「児童委員」との記述がありますが、これは当然民生委員のことです）。

1. 児童相談所とは

　児童相談所は、児童福祉法に基づいて都道府県、指定都市、一部の大規模な市に設置されている行政機関です。1都道府県1か所とは限らず、実情に応じて複数設置されます。2019（平成31）年4月現在、全国で215か所あり、そのうち139か所に一時保護施設が併設されています。今後は、東京都の区部や中核市などにも設置が広がる見込みです。

　ソーシャルワーカー（児童福祉司、相談員）、児童心理司、医師、弁護士などの職員が配置され、市町村と連携しながら、子ども・家庭支援に関する相談全般に応じ、専門的な立場から調査、検査、診断、判定を行い、その結果に基づいて必要な支援を行っています。

2. 児童相談所の相談業務の内容

養護相談	児童虐待への対応、養育困難児や後見人不在児童の支援、養子縁組の相談等
保健相談	未熟児や虚弱児、小児喘息等の疾患を有する子の相談等
障害相談	障害のある児童の相談等
非行相談	触法行為や喫煙等の問題行動のある児童の相談等
育成相談	育児やしつけ、不登校の児童への対応などの相談等

3. 民生委員が行う児童相談所への通告

　児童福祉法第25条や児童虐待防止法第6条は、要保護児童や被虐待児童を発見した者の児童相談所などへの通告義務を定めていますが、その場合、「児童委員を介して」通告してもよいとされています。虐待に気づいた住民が直接かかわりたくない場合、民生委員に連絡が来るということです。

　そのため、民生委員は、自ら発見した場合のほか、住民からの連絡を受けて児童相談所に通告する場合もあるということです。なお、児童虐待の通告先は児童相談所だけでなく、市町村の児童福祉の担当課や福祉事務所でもよいとされています。

　また、現在、児童虐待の通告については、全国共通の次の番号にかければ最寄りの児童相談所に夜間休日を含め自動的につながります。なお、通話料は無料です。

> ## ◆児童相談所全国共通ダイヤル＝189（いちはやく）

※局番なし

4. 児童相談所の業務への協力

1 立入調査への協力を依頼される場合がある

実際には多くはありませんが、児童委員は児童相談所から児童の住所や居所に立ち入って必要な調査または質問をするように依頼されることがあります（児童福祉法第29条）。

2 「児童委員指導」を依頼される場合がある

児童委員は、児童相談所が行う措置の1つである「児童委員指導」の依頼を受ける場合があります（児童福祉法第26条第1項第2号他）。

この指導の対象は「問題が家庭環境にあり、児童委員による家族間の人間関係の調整又は経済的援助等により解決すると考えられる事例」です。あまり複雑ではなく、日常的見守りなど児童委員としても対応可能な場合が該当します。なお、指導を担当する児童委員は、「主任児童委員をはじめ、問題解決に最適と考えられる者」が依頼されます。

5. 市町村と児童相談所の関係と民生委員

かつては、保育所の入所や子どもの健診などを除いた児童福祉にかかわる業務の多くが児童相談所の仕事とされていました。特に何らかの課題を抱えているような場合の相談はその傾向が強くありました。

しかし、2004（平成16）年に法改正が行われ、それまで曖昧だった児童福祉にかかわる市町村の役割や責任が明確にされました。例えば、児童虐待についていえば、かつては児童相談所しか窓口がありませんでしたが、現在は市町村も窓口になり必要な対応をしています。

民生委員は、児童相談所よりも市町村になじみがあるでしょうから、どこに連絡するか迷う場合には、とりあえず市町村の担当課に連絡するとよいでしょう。

25 婦人相談所

婦人相談所とはどのような機関ですか。民生委員とどのような関係がありますか。

POINT 婦人相談所は、当初、売春をする（させられる）おそれのある女性の相談や指導、一時保護などをする機関として創設されました。現在は、主に、夫などからの暴力に関する相談や離婚などの家族問題に関する相談を受け、必要な支援や一時保護などを行っています。民生委員としては、これらの相談を受けたときの有効な社会資源の１つとして問い合わせをしたり紹介する等、積極的に活用するとよいでしょう。

1. 婦人相談所の創設

　　婦人相談所は、売春防止法第 34 条第 1 項に基づき各都道府県に 1 か所設置され、業務内容が同条第 3 項に規定されています。

第 34 条

3　婦人相談所は、性行又は環境に照して売春を行うおそれのある女子 (以下「要保護女子」という。) の保護更生に関する事項について、主として次に掲げる業務を行うものとする。

　一　要保護女子に関する各般の問題につき、相談に応ずること。

　二　要保護女子及びその家庭につき、必要な調査並びに医学的、心理学的及び職能的判定を行い、並びにこれらに付随して必要な指導を行うこと。

　三　要保護女子の一時保護を行うこと。

　　売春防止法は 1956（昭和 31）年に制定されましたが、当時は家庭が貧

困であったり本人に知的障害があるなどの事例が多く、それらの女性を救済、保護したうえで、自分で生活を管理できるようにしたり、経済的に自立できるように支援することが婦人相談所の主な役割でした。

2. 婦人相談所の役割

婦人相談所は、各都道府県における保護を要する女性を支援する中核的な機関として、次のような役割を担っています。なお、専門職として婦人相談員が配置されています。

1 主な役割

①配偶者暴力防止や売春防止などの啓発活動

②要保護女性の相談や調査

③要保護女性の判定（医学的・心理学的・職能的）

④要保護女性に対する指導や支援

2 支援の主な内容

①公営住宅の申込み、施設の利用、各種手当、ハローワーク、医療機関、裁判所（DV の場合）等の公的サービスの紹介や利用支援

②緊急の場合の一時保護や民間の一時保護施設への委託

③婦人保護施設への収容による保護

④被服等の支給や帰郷等のための移送費の負担

3. 民生委員と婦人相談所の関係

婦人相談所は、実際には「女性センター」「女性相談センター」「女性サポートセンター」などさまざまな名称が付けられています。制定当時と売春を巡る環境は変わっているものの、女性が商品として扱われる状況は続いています。周囲で、そのようなことを見聞きした場合、また p.48 の問 15 でも述べたように配偶者暴力の被害者を支援する際に、女性の人権を守る有効な社会資源として婦人相談所を活用するとよいでしょう。

26 消費生活センター

消費生活センターとはどのような機関でしょうか。民生委員とどのような関係がありますか。

POINT 消費生活センターは自治体が設置し、消費者被害の相談や苦情を受け付けたり、消費生活にかかわる啓発活動や情報提供などを行っています。民生委員としては、消費者被害などの相談を受けたり被害が疑われるケースに気づいた場合に、消費生活センターに問い合わせをしたり、相談を勧める等、積極的に活用するとよいでしょう。

答え

1. 消費者保護の施策

　悪質商法や偽装表示、製品や食品による被害等があとを絶たないことから、これらの問題に一元的に対応するために2009（平成21）年に消費者安全法が制定されました。この法によって国に消費者庁が設置されました。

2. 消費生活センター

1 消費生活センターの創設

　消費生活センターは、消費者安全法に基づき自治体が設置します。都道府県は必ず設置しますが、市町村は設置するよう努力する義務があるという規定なので、設置していない市町村も一部にあります。

　名称は、消費生活センター以外に、消費者センター、消費者相談室などさまざまです。国家資格をもつ消費生活相談員等の専門職が配置されています。消費生活センターのない自治体もありますが、その場

合、市民（生活）相談室等の部署で相談を担当しています。

② 消費生活センターの役割

　消費生活センターは消費者の苦情や相談のほか、消費生活に関する啓発や情報提供などを行っています。また、国の消費者庁に問題のある商品や悪質商法などの情報を提供する一方、それらにかかわる新たな情報提供を受けて、市民に対して注意喚起などを行っています。

3. 民生委員と消費生活センターの関係

① 消費者安全確保地域協議会での協力関係

　2014（平成26）年に消費者安全法が改正され、地方自治体は消費者被害に遭いやすい高齢者、障害者等を見守り、支援するために「消費者安全確保地域協議会」（以下「協議会」）を組織できることになりました。

　地域により委員構成は異なりますが、民生委員が協議会に参画し、消費生活センター等と連携しながら消費者被害の防止や早期に支援をしている例があります。協議会は、構成メンバー間で個人情報の共有を可能にしたことで、実効性のある支援が可能になっています。

② 民生委員と消費生活センターとの関わり

　高齢者や障害者などは、不要な商品を大量に買わされたり、断りにくい状況のもとで強引に商品を買わされるなど、悪質商法の被害に遭うことが少なくありません。詐欺や脅迫などであれば警察の出番になりますが、一応は合法的な販売形式をとっている場合には、消費生活センターに相談したり、つないだりすることが確実な方法です。

　なお、相談や通報に関しては、次の全国共通の番号があります。

◆消費者ホットライン＝188（いやや）

※局番なし

27 小中学校

小中学校と民生委員はどのような関係がありますか。

POINT 現在の小中学校は、子どもの数が減る一方で、さまざまな困難を抱えた子どもたちが増えている傾向があります。先生方が多忙を極めるなかで、民生委員には子どもたちの生活状況の把握や継続的な見守り、学校と地域との連携行事での協力などが期待されています。

1. 小中学校の現状

1 さまざまな課題がある

地域や学校ごとに違いはありますが、現在の小中学校には、1つひとつ丁寧に対応しなければならない、次のようなさまざまな課題があります。

①不登校の児童への対応

②いじめへの対応

③発達障害等の障害のある児童への対応

④暴力を振るう児童への対応

⑤家庭で虐待を受けている（と思われる）児童への対応

⑥貧困世帯の児童への対応

⑦外国籍の児童への対応

⑧児童が犯罪に巻き込まれないための予防

⑨いわゆる「モンスターペアレント」への対応

2 学校の体制

　以前はなかった職種として、現在の小中学校にはスクールカウンセラーやスクールソーシャルワーカーが配置されています。前者は、主に児童の心理面に焦点をあててカウンセリングをすることで気持ちの安定を図るために支援をします。後者は、主に児童の環境（親子の関係や親の養育能力、経済状態、生活の変調原因等）に焦点をあててその改善を図ります。

　両者はすべての小中学校に配置されているわけではなく、多くは非常勤の勤務ですが、配置する学校が増えつつあります。

　一方では、不登校だった児童が「保健室登校」するなど、養護教諭の役割も増しています。

2. 小中学校と地域との関わり

　小中学校は、地元の児童が通う場所であり、その小中学校を出た親もいるわけですから、昔は当然のように地元と密着していましたが、近年はその傾向が薄れがちになっています。そのため、学校運営協議会や学校評議員等の制度を整備し、学校運営自体に地域住民の意見を取り入れる仕組みができました。

　また、現在は縮小されつつありますが、一時期盛んに行われていた「総合的な学習の時間」では、民生委員を含む地域住民が先生となって教えたり、地域をテーマにして子どもたちが歴史や産業を調べるなど、学校と地域との結びつきが強まりました。

3. 民生委員と小中学校との関係

1 学校運営全般や行事に対する民生委員の協力

　民生委員は、一般に小中学校の入学式や卒業式に招待されています。また、民生委員だけに限られませんが、次のような活動を民生委員が行っている例があります。

・登下校時の見守り活動やあいさつ運動

・読み聞かせなどのボランティア

・外国籍の児童の日本語学習の補助

・福祉学習を支援したり一緒にボランティア活動をする

　このほか、前述の学校運営協議会に民生委員代表が参画し、住民が参加しやすい学校行事を提案するといったことも行われています。

2 児童の個別支援における学校と民生委員の協働

　不登校気味だったり、家でネグレクト（養育放棄）の疑いがある場合等に、学校から民生委員に情報提供の依頼があったり、見守りを依頼されることがあります。

3 学校と民生委員の連携を強化するために

①具体的な行動を通して信頼関係を醸成する

　学校と民生委員の連携は、民生委員個人としてではなく民児協が組織で行うことになります。もし、連携があまりスムーズにいっていない場合、例えば、登下校の見守り活動で気になった児童の様子を学校に伝えたり、通学路や地域の公園の安全点検をしてその結果を学校に伝えるなど、民児協が具体的な役割を果たせることを示しながら信頼関係を醸成していくとよいでしょう。

②継続的に連携するために

　小中学校は、校長先生が替わると方針が変わる場合があります。その点から、スクールソーシャルワーカーや養護教諭、PTA 役員等と信頼関係を構築することも大切です。また、定例会を学校の教室を借りて行い、学校関係者と顔なじみになっている例もあります。

　公立の小中学校の運営には教育委員会が大きくかかわっているので、市町村の民児協として市町村の教育委員会と連携を図ることも大切です。

28 保健所、保健センター

私の町には保健センターがありますが、保健所とは違うのでしょうか。何か民生委員にも関係するようなことはありますか。

POINT 保健所は広域的・専門的な保健サービスを提供するのに対し、各市町村が設置する保健センターは直接住民のための保健サービスを行います。保健センターは、例えば、母子保健や精神障害者などへの対応、健康予防教育などを行っていることから、民生委員としては相談活動等の際に、必要に応じて保健センターのことを紹介できるとよいでしょう。

1. 保健所と保健センターの違い

1 保健所

　保健所は、1930年代に結核予防と母子保健などに取り組む専門機関として設置されましたが、現在は、広域的、専門的見地から保健サービスを提供したり、市町村の保健センターを支援する役割を担っています。医師が所長を務め、保健師のほか、保健衛生の専門職が配置されています。都道府県、指定都市、東京の特別区、一部の市が設置しています。

2 保健センター

　保健センターは、地域保健法に基づき住民の保健サービスを担う機関として市町村が設置しますが、法律の規定上、設置は努力義務なので、設置していない市町村も一部にあります。保健所が専門機関や事

業者等を対象にした事業が中心なのに対し、保健センターは母子や高齢者等直接住民を対象にしている点に違いがあります。

2. 保健所と保健センターの事業

1 保健所の主な事業内容

　人口や保健の統計、医療計画にかかわる業務のほか、「対人保健分野」で感染症対策や精神保健対策等、「対物保健分野」で食品衛生や生活衛生関係（クリーニング、理美容の許可や届け出等）業務を行っています。

2 保健センターの主な事業内容

　以下の事業を中心に、地域の実情に応じて事業を行っています。

母子保健事業	母子健康手帳交付、健診、訪問指導、健康相談等
健康増進事業	健康教育や相談、地区組織の支援、健康診査等
精神保健福祉事業	個別相談、訪問指導、デイケア、知識の普及等

3. 民生委員として保健センターを利用する

　民生委員活動との関係では、保健センターで行う「こんにちは赤ちゃん事業」（生後4か月までの乳児のいる全世帯訪問）や乳幼児健診等の事業を婦人民生委員や主任児童委員が手伝うことで、若いお母さんたちと顔なじみになっている例があります。また、民生委員が気になる親子の見守りを頼まれることもあります。高齢者を対象に「健康寿命」を延ばすための講座や、子どもを対象にした食育等も行っています。さらに、精神障害に関する相談にも対応しています。

　保健センターは市町村の実情に応じて事業を実施するので、民児協として提案をして住民の健康問題や子育てに関する話し合いや学習の場、イベント等を実施できるとよいでしょう。

29 福祉施設

近くに福祉施設があります。施設はそこの利用者のためにあると思うのですが、何か民生委員にも関係するようなことはありますか。

かつての福祉施設は、もっぱらその福祉施設の利用者の支援を中心に運営されていました。しかし、現在の施設は、利用者だけでなく地域のための事業にも積極的に取り組んでいます。民生委員は、施設を地域福祉推進の重要な社会資源ととらえ、連携できるとよいでしょう。

1. 福祉施設とは

1 種類

　一口に福祉施設といっても、老人、障害、児童などの各分野ごとにさまざまな種類があります。また、老人に関する福祉施設を利用形態で分けると次の表のように、入所、通所、利用に分けられますが、これは障害や児童の分野でも同様です。

分　野	入所施設（例）	通所施設（例）	利用施設（例）
老　人	特別養護老人ホーム （介護老人福祉施設）	デイサービス センター	老人福祉センター

2 福祉施設に備わっている社会資源

　福祉施設には、次のようなさまざまな資源が備わっています。
①介護や福祉や医療等の資格や知識をもった専門の人材がいます。

②介護や福祉に関するさまざまな専門的情報が蓄積されています。

③介護や福祉の支援に必要な設備や機器や道具などがあります。

④施設には土地や建物、スペースなどがあります。

3 福祉施設を巡る環境の変化

　前述の資源は、以前はもっぱら施設利用者のために活用されていましたが、現在はどの施設でも「できるだけ地域のために活用し、貢献する」という方針で運営されています。

2. 民生委員と福祉施設の関わり

　地元住民がサービス利用者であったり、民生委員がボランティアをする以外に、民生委員と施設は次のような関係があります。

1 民生委員協議会として施設を活用し施設と情報交換する

　例えば、「会議を施設で開催する」「職員を講師にして研修をする」ことが考えられます。そのような関係を通して民生委員から得られる情報は施設にとっても役に立ちます。なお、施設を訪問する場合には、利用者のプライバシー保護等のルールを必ず守る必要があります。

2 災害時に施設は住民の拠点になることがある

　施設にはもともと利用者がいるので、災害時はその対応で手一杯になりますが、過去の災害では施設が地域住民の避難拠点になった例があります。これは、日頃から施設と地域住民の交流や意思疎通ができていれば、施設には安全な建物やスペースがあり、一方で住民はマンパワーになるので、お互いに助け合い補い合えるということです。

　そのためにも、日頃から民生委員が施設と協働して、施設に対する住民の理解が深まるようなイベントなどを実施できるとよいでしょう。そのことは障害者等の施設利用者に対する理解促進にもつながります。

30 法テラス

法律問題で困ったときに法テラスが役に立つと聞きましたが、これはどのような機関ですか。民生委員が利用できるのでしょうか。

POINT 法テラスは、法律上のトラブルを抱えて困っている人の相談にのり、情報提供や経済的支援などを通して法律上の問題を解決できるように支援する組織です。民生委員は法テラスの機能を知っておき、法律上の問題への対応が必要であるにもかかわらず、経済的理由や障害等の理由等で利用が困難な人に紹介し、利用につなげられるとよいでしょう。

1. 法テラスの概要

1 設立の目的

　弁護士等の法律にかかわるサービスを誰もが利用できるようにすることを目的に制定された総合法律支援法により、2004（平成16）年5月に日本司法支援センター（通称「法テラス」）が設立されました。本部は東京にありますが、相談等の業務は各都道府県庁所在地等にある地方事務所やその支部で行っています。

2 法テラスの業務内容

　司法関連窓口とも連携しながら、次のような業務を行っています。
①情報提供業務
　裁判等の紛争解決制度の利用方法や相談機関等に関する情報の提供
②民事法律扶助業務　☞　後述の **2 1** 参照

③国選弁護等関連業務

　　被疑者および被告人に対する国選弁護人の選任や報酬の支払い等
④司法過疎対策業務

　　司法過疎地域で法律サービスが受けられるような体制の整備等
⑤犯罪被害者支援業務

　　被害者および家族の援助に関する情報提供や詳しい弁護士紹介等
⑥特定援助対象者法律相談援助業務　　➡　後述の **2 2**参照

2. 法テラスの事業を知り民生委員活動のなかで紹介する

　これらの法テラスの業務は、いずれも法律問題を抱えた住民にとって役立つ内容ですが、特に次の点は民生委員として法的な問題で困難を抱えている人の支援で役立つことが考えられます。

1 経済的に余裕のない人に対する支援

　前述②「民事法律扶助業務」では、「何人も、裁判所において裁判を受ける権利を奪はれない。」（日本国憲法第 32 条）という権利を実現するため、経済的に余裕のない人（一定の条件があります）に対し、無料法律相談や調停手続きに伴う弁護士費用等の立て替えを行っています。高齢者や障害者等で相談場所まで行けない場合には、出張相談を利用できる場合もあります。

2 認知症等の人や知的障害者に対する支援

　前述⑥「特定援助対象者法律相談援助業務」では、法的問題を抱えていても自分で法律相談等を活用することが難しい認知症高齢者や知的障害者等を対象に、支援者（福祉や介護の職員等）からの申し出によって弁護士等が相談を受け支援する制度です。利用に経済的条件はありません。

　民生委員は直接利用を申し出る立場ではありませんが、利用できそうな場合にこのような支援があることを紹介できるとよいでしょう。

第 **4** 章

民生委員が知っておきたい主要な法律

1. 民生委員法

　民生委員法が制定された 1948（昭和 23）年は、第二次世界大戦が終了し、福祉の充実が急がれるなかで、戦前から地域福祉のために活動していた民生委員への期待が高まっていました。そこで、民生委員の立場を明確にし身分を安定させるため、その職務の内容、選出の手順、任期、民生委員協議会の機能などを明示した民生委員法が制定されました。

　民生委員法は民生委員の存在を規定する法であり、民生委員は必ず民生委員法の内容を理解しておく必要があります。

第1条　民生委員は、社会奉仕の精神をもつて、常に住民の立場に立つて相談に応じ、及び必要な援助を行い、もつて社会福祉の増進に努めるものとする。

第2条　民生委員は、常に、人格識見の向上と、その職務を行う上に必要な知識及び技術の修得に努めなければならない。

第3条　民生委員は、市（特別区を含む。以下同じ。）町村の区域にこれを置く。

第4条　民生委員の定数は、厚生労働大臣の定める基準を参酌して、前条の区域ごとに、都道府県の条例で定める。

　2　前項の規定により条例を制定する場合においては、都道府県知事は、あらかじめ、前条の区域を管轄する市町村長（特別区の区長を含む。以下同じ。）の意見を聴くものとする。

第5条　民生委員は、都道府県知事の推薦によつて、厚生労働大臣がこれを委嘱する。

　2　都道府県知事は、前項の推薦を行うに当たつては、市町村に設置された民生委員推薦会が推薦した者について行うものとする。この場合において、都道府県に設置された社会福祉法第 7 条第 1 項に規定する地方社会福祉審議会（以下「地方社会福祉審議会」という。）の意見を聴くよう努めるものとする。

第6条　民生委員推薦会が、民生委員を推薦するに当つては、当該市町村の議会（特別区の議会を含む。以下同じ。）の議員の選挙権を有する者のうち、人格識見高く、広く社会の実情に通じ、且つ、社会福祉の増進に熱意のある者であつて児童福祉法の児童委員としても、適当である者について、これを行わなければならない。

2　都道府県知事及び民生委員推薦会は、民生委員の推薦を行うに当たつては、当該推薦に係る者のうちから児童福祉法の主任児童委員として指名されるべき者を明示しなければならない。

第7条　都道府県知事は、民生委員推薦会の推薦した者が、民生委員として適当でないと認めるときは、地方社会福祉審議会の意見を聴いて、その民生委員推薦会に対し、民生委員の再推薦を命ずることができる。

2　前項の規定により都道府県知事が再推薦を命じた場合において、その日から20日以内に民生委員推薦会が再推薦をしないときは、都道府県知事は、当該市町村長及び地方社会福祉審議会の意見を聴いて、民生委員として適当と認める者を定め、これを厚生労働大臣に推薦することができる。

第8条　民生委員推薦会は、委員若干人でこれを組織する。

2　委員は、当該市町村の区域の実情に通ずる者のうちから、市町村長が委嘱する。

3　民生委員推薦会に委員長1人を置く。委員長は、委員の互選とする。

4　前3項に定めるもののほか、委員長及び委員の任期並びに委員長の職務その他民生委員推薦会に関し必要な事項は、政令でこれを定める。

第10条　民生委員には、給与を支給しないものとし、その任期は、3年とする。ただし、補欠の民生委員の任期は、前任者の残任期間とする。

第11条　民生委員が左の各号の一に該当する場合においては、厚生労働大臣は、前条の規定にかかわらず、都道府県知事の具申に基いて、これを解嘱することができる。

一　職務の遂行に支障があり、又はこれに堪えない場合

　　二　職務を怠り、又は職務上の義務に違反した場合

　　三　民生委員たるにふさわしくない非行のあつた場合

　2　都道府県知事が前項の具申をするに当たつては、地方社会福祉審議会の同意を経なければならない。

第12条　前条第2項の場合において、地方社会福祉審議会は、審査をなすに際して、あらかじめ本人に対してその旨を通告しなければならない。

　2　前項の通告を受けた民生委員は、通告を受けた日から2週間以内に、地方社会福祉審議会に対して意見を述べることができる。

　3　前項の規定により民生委員が意見を述べた場合には、地方社会福祉審議会は、その意見を聴いた後でなければ審査をなすことができない。

第13条　民生委員は、その市町村の区域内において、担当の区域又は事項を定めて、その職務を行うものとする。

第14条　民生委員の職務は、次のとおりとする。

　　一　住民の生活状態を必要に応じ適切に把握しておくこと。

　　二　援助を必要とする者がその有する能力に応じ自立した日常生活を営むことができるように生活に関する相談に応じ、助言その他の援助を行うこと。

　　三　援助を必要とする者が福祉サービスを適切に利用するために必要な情報の提供その他の援助を行うこと。

　　四　社会福祉を目的とする事業を経営する者又は社会福祉に関する活動を行う者と密接に連携し、その事業又は活動を支援すること。

　　五　社会福祉法に定める福祉に関する事務所（以下「福祉事務所」という。）その他の関係行政機関の業務に協力すること。

　2　民生委員は、前項の職務を行うほか、必要に応じて、住民の福祉の増進を図るための活動を行う。

第15条　民生委員は、その職務を遂行するに当つては、個人の人格を尊重し、その身上に関する秘密を守り、人種、信条、性別、社会的身分又は門地によつて、差別的又は優先的な取扱をすることなく、且

つ、その処理は、実情に即して合理的にこれを行わなければならない。

第16条　民生委員は、その職務上の地位を政党又は政治的目的のために利用してはならない。

2　前項の規定に違反した民生委員は、第11条及び第12条の規定に従い解嘱せられるものとする。

第17条　民生委員は、その職務に関して、都道府県知事の指揮監督を受ける。

2　市町村長は、民生委員に対し、援助を必要とする者に関する必要な資料の作成を依頼し、その他民生委員の職務に関して必要な指導をすることができる。

第18条　都道府県知事は、民生委員の指導訓練を実施しなければならない。

第20条　民生委員は、都道府県知事が市町村長の意見をきいて定める区域ごとに、民生委員協議会を組織しなければならない。

2　前項の規定による民生委員協議会を組織する区域を定める場合においては、特別の事情のあるときの外、市においてはその区域を数区域に分けた区域をもつて、町村においてはその区域をもつて一区域としなければならない。

第24条　民生委員協議会の任務は、次のとおりとする。

　　一　民生委員が担当する区域又は事項を定めること。

　　二　民生委員の職務に関する連絡及び調整をすること。

　　三　民生委員の職務に関して福祉事務所その他の関係行政機関との連絡に当たること。

　　四　必要な資料及び情報を集めること。

　　五　民生委員をして、その職務に関して必要な知識及び技術の修得をさせること。

　　六　その他民生委員が職務を遂行するに必要な事項を処理すること。

2　民生委員協議会は、民生委員の職務に関して必要と認める意見を関係各庁に具申することができる。

3　民生委員協議会は、市町村の区域を単位とする社会福祉関係団体の組織に加わることができる。

4　市町村長及び福祉事務所その他の関係行政機関の職員は、民生委員協議会に出席し、意見を述べることができる。

第25条　民生委員協議会を組織する民生委員は、その互選により会長1人を定めなければならない。

2　会長は、民生委員協議会の会務をとりまとめ、民生委員協議会を代表する。

3　前2項に定めるもののほか、会長の任期その他会長に関し必要な事項は、政令で定める。

第26条　民生委員、民生委員推薦会、民生委員協議会及び民生委員の指導訓練に関する費用は、都道府県がこれを負担する。

第28条　国庫は、第26条の規定により都道府県が負担した費用のうち、厚生労働大臣の定める事項に関するものについては、予算の範囲内で、その一部を補助することができる。

第29条　この法律中都道府県が処理することとされている事務で政令で定めるものは、地方自治法第252条の19第1項の指定都市（以下本条中「指定都市」という。）及び同法第252条の22第1項の中核市（以下本条中「中核市」という。）においては、政令で定めるところにより、指定都市又は中核市（以下本条中「指定都市等」という。）が処理するものとする。この場合においては、この法律中都道府県に関する規定は、指定都市等に関する規定として指定都市等に適用があるものとする。

第29条の2　この法律に規定する厚生労働大臣の権限は、厚生労働省令で定めるところにより、地方厚生局長に委任することができる。

2　前項の規定により地方厚生局長に委任された権限は、厚生労働省令で定めるところにより、地方厚生支局長に委任することができる。

※注1：掲載にあたっては、読みやすくするために条文の中に出てくる法律の成立年と法律番号を削除してあります。

※注2：次の条文は現行法では削除されています。
　　　　第9条、第19条、第21条、第22条、第23条、第27条

2. 民生委員法以外で民生委員の役割等を規定している主な法律

1 児童福祉法

①児童福祉法とは

　児童福祉法は、第二次世界大戦終結後、国民全体が窮乏状態にあるなかで、次世代を担う子どもの健全育成を目的に 1947（昭和 22）年に制定されました。児童相談所などの相談機関、保育所をはじめとしたさまざまなサービスの内容や実施主体、障害のある児童の支援、さらに、児童委員や主任児童委員についても規定しています。

②児童福祉法の内容と民生委員

第 16 条　市町村の区域に児童委員を置く。
　2　民生委員法による民生委員は、児童委員に充てられたものとする。
　3　厚生労働大臣は、児童委員のうちから、主任児童委員を指名する。
第 17 条　児童委員は、次に掲げる職務を行う。
　　一　児童及び妊産婦につき、その生活及び取り巻く環境の状況を適切に把握しておくこと。
　　二　児童及び妊産婦につき、その保護、保健その他福祉に関し、サービスを適切に利用するために必要な情報の提供その他の援助及び指導を行うこと。
　　三　児童及び妊産婦に係る社会福祉を目的とする事業を経営する者又は児童の健やかな育成に関する活動を行う者と密接に連携し、その事業又は活動を支援すること。
　　四　児童福祉司又は福祉事務所の社会福祉主事の行う職務に協力すること。
　　五　児童の健やかな育成に関する気運の醸成に努めること。
　　六　前各号に掲げるもののほか、必要に応じて、児童及び妊産婦の福祉の増進を図るための活動を行うこと。
　2　主任児童委員は、前項各号に掲げる児童委員の職務について、児童の福祉に関する機関と児童委員（主任児童委員である者を除く。

以下この項において同じ。）との連絡調整を行うとともに、児童委員
の活動に対する援助及び協力を行う。

3　前項の規定は、主任児童委員が第1項各号に掲げる児童委員の職
務を行うことを妨げるものではない。

4　児童委員は、その職務に関し、都道府県知事の指揮監督を受ける。

第18条　市町村長は、前条第1項又は第2項に規定する事項に関し、
児童委員に必要な状況の通報及び資料の提供を求め、並びに必要な
指示をすることができる。

2　児童委員は、その担当区域内における児童又は妊産婦に関し、必
要な事項につき、その担当区域を管轄する児童相談所長又は市町村
長にその状況を通知し、併せて意見を述べなければならない。

3　児童委員が、児童相談所長に前項の通知をするときは、緊急の必
要があると認める場合を除き、市町村長を経由するものとする。

4　児童相談所長は、その管轄区域内の児童委員に必要な調査を委嘱
することができる。

第25条　要保護児童を発見した者は、これを市町村、都道府県の設置
する福祉事務所若しくは児童相談所又は児童委員を介して市町村、
都道府県の設置する福祉事務所若しくは児童相談所に通告しなけれ
ばならない。ただし、罪を犯した満14歳以上の児童については、こ
の限りでない。この場合においては、これを家庭裁判所に通告しな
ければならない。

＜解説＞

①第16条はすべての民生委員が児童委員でもあることや、そのなか
から主任児童委員が選ばれることを規定しています。

②第17条は児童委員の職務の内容を定めていますが、児童だけでな
く妊産婦も対象に入っていることに留意してください。

③第17条第2項～第3項は主任児童委員の役割を規定しています。
このうち第3項は、主任児童委員も児童委員が行う職務と同じ職務
（第17条第1項で規定）を行ってよいことを規定しています。

④第 18 条第 1 項〜第 3 項は児童委員と市町村長や児童相談所との連携や協働について規定しています。

⑤第 18 条第 4 項は児童委員が児童相談所長から調査の委嘱を受ける場合があることを規定しています。

⑥第 25 条は要保護児童を発見した者が、児童委員を介して市町村等に通告できることを規定しています。

2 児童虐待の防止等に関する法律（児童虐待防止法）

①児童虐待防止法とは

　それまでの児童虐待の対応は児童福祉法を根拠にしていましたが、児童虐待の件数が増加し、内容も多様化、深刻化したことを受け、児童虐待の予防や早期発見、早期対応等の国や地方公共団体の責任を明確にするとともに、国民や児童福祉関係者の協力義務などを定めた児童虐待の防止等に関する法律（児童虐待防止法）が2000（平成12）年に制定されました。

②児童虐待防止法の内容と民生委員

（児童虐待に係る通告）

第6条　児童虐待を受けたと思われる児童を発見した者は、速やかに、これを市町村、都道府県の設置する福祉事務所若しくは児童相談所又は児童委員を介して市町村、都道府県の設置する福祉事務所若しくは児童相談所に通告しなければならない。

2　前項の規定による通告は、児童福祉法第25条第1項の規定による通告とみなして、同法の規定を適用する。

3　刑法の秘密漏示罪の規定その他の守秘義務に関する法律の規定は、第1項の規定による通告をする義務の遵守を妨げるものと解釈してはならない。

第7条　市町村、都道府県の設置する福祉事務所又は児童相談所が前条第1項の規定による通告を受けた場合においては、当該通告を受けた市町村、都道府県の設置する福祉事務所又は児童相談所の所長、所員その他の職員及び当該通告を仲介した児童委員は、その職務上知り得た事項であって当該通告をした者を特定させるものを漏らしてはならない。

（出頭要求等）

第8条の2　都道府県知事は、児童虐待が行われているおそれがある

と認めるときは、当該児童の保護者に対し、当該児童を同伴して出頭することを求め、児童委員又は児童の福祉に関する事務に従事する職員をして、必要な調査又は質問をさせることができる。この場合においては、その身分を証明する証票を携帯させ、関係者の請求があったときは、これを提示させなければならない。

2　略

3　都道府県知事は、第1項の保護者が同項の規定による出頭の求めに応じない場合は、次条第1項の規定による児童委員又は児童の福祉に関する事務に従事する職員の立入り及び調査又は質問その他の必要な措置を講ずるものとする。

（立入調査等）

第9条　都道府県知事は、児童虐待が行われているおそれがあると認めるときは、児童委員又は児童の福祉に関する事務に従事する職員をして、児童の住所又は居所に立ち入り、必要な調査又は質問をさせることができる。この場合においては、その身分を証明する証票を携帯させ、関係者の請求があったときは、これを提示させなければならない。

＜解説＞

①第6条第1項は、例えば、隣の家で児童虐待が行われているようだと思った人が、行政機関に連絡するのは抵抗があるので、とりあえず民生委員に知らせてくるようなことがあるということです。民生委員は仲介者の立場なので、遅滞なく行政機関に通告しなければなりません。

②第7条は、児童虐待に関する情報の出所を外部に漏らしてはいけないということです。

③第8条の2および第9条は、事情に応じて民生委員が調査や立ち入り調査を依頼されることがあるということです。

3 災害対策基本法

①災害対策基本法とは

　災害対策基本法は、甚大な被害をもたらした1959（昭和34）年の伊勢湾台風を契機に総合的な防災対策を進めるために1961（昭和36）年に制定されました。住民の安全を守るために行政や関係機関が担う役割や連携のあり方、防災計画の策定義務等を規定しています。度々改正されてきましたが、2013（平成25）年6月の改正で、避難行動要支援者名簿の作成や民生委員の役割等について明記されました。

②災害対策基本法の内容と民生委員

①要配慮者と避難行動要支援者の定義

　災害対策基本法第49条の10で次のように定義されています。

要配慮者	高齢者、障害者、乳幼児等の防災面で特に配慮が必要な人
避難行動要支援者	上記の「要配慮者」のうち、災害発生時の避難等に特に支援が必要な人

②避難行動要支援者名簿の作成に関する規定

　（避難行動要支援者名簿の作成）

第49条の10　市町村長は、（中略）……避難の支援、安否の確認その他の避難行動要支援者の生命又は身体を災害から保護するために必要な措置（以下「避難支援等」という。）を実施するための基礎とする名簿（以下この条及び次条第1項において「避難行動要支援者名簿」という。）を作成しておかなければならない。

＜解説＞

　この第49条の10では、市町村長に避難行動要支援者名簿の作成を義務づけています。

③名簿情報を平常時に提供することに関する規定

（名簿情報の利用及び提供）

第49条の11　市町村長は、避難支援等の実施に必要な限度で、前条第1項の規定により作成した避難行動要支援者名簿に記載し、又は記録された情報（以下「名簿情報」という。）を、その保有に当たって特定された利用の目的以外の目的のために内部で利用することができる。

2　市町村長は、災害の発生に備え、避難支援等の実施に必要な限度で、地域防災計画の定めるところにより、消防機関、都道府県警察、民生委員、市町村社会福祉協議会、自主防災組織その他の避難支援等の実施に携わる関係者（次項において「避難支援等関係者」という。）に対し、名簿情報を提供するものとする。ただし、当該市町村の条例に特別の定めがある場合を除き、名簿情報を提供することについて本人の同意が得られない場合は、この限りでない。

<解説>

　第49条の11第2項は、民生委員を市町村社協等とともに避難支援等関係者に位置づけたうえで、この避難支援等関係者に対し、災害が起きていない平常時に避難行動要支援者名簿を提供してよいかどうかを規定したものですが、結論は「名簿情報を提供することについて本人の同意が得られない場合は、この限りでない。」としています。つまり、同意抜きに名簿情報を提供することはできないということです。

　ただし、その前に「当該市町村の条例に特別の定めがある場合を除き」とあります。いいかえれば、市町村が条例で定めれば、平常時でも本人の同意抜きに名簿情報を提供してもよいということです。

④名簿情報を災害時に提供することに関する規定

> 3　市町村長は、災害が発生し、又は発生するおそれがある場合において、避難行動要支援者の生命又は身体を災害から保護するために特に必要があると認めるときは、避難支援等の実施に必要な限度で、避難支援等関係者その他の者に対し、名簿情報を提供することができる。この場合においては、名簿情報を提供することについて本人の同意を得ることを要しない。

＜解説＞

　第49条の11第3項は、災害が発生し、または発生するおそれがある場合は、本人の同意がなくても、避難支援等関係者等に名簿情報を提供できることを規定しています。この場合、危険が迫っているなかで本人の安全確保や避難支援のために名簿情報を活用するわけですから、当然のことと考えられます。

　なお、避難支援等関係者には、民生委員も含まれることに注意してください。

3. 民生委員の一般的な協力義務を規定している法律

◾1 生活保護法（抄）

（昭和 25 年 5 月 4 日・法律第 144 号）

（民生委員の協力）

第22条　民生委員法（昭和 23 年法律第 198 号）に定める民生委員は、この法律の施行について、市町村長、福祉事務所長又は社会福祉主事の事務の執行に協力するものとする。

◾2 母子及び父子並びに寡婦福祉法（抄）

（昭和 39 年 7 月 1 日・法律第 129 号）

（児童委員の協力）

第10条　児童福祉法に定める児童委員は、この法律の施行について、福祉事務所の長又は母子・父子自立支援員の行う職務に協力するものとする。

◾3 老人福祉法（抄）

（昭和 38 年 7 月 11 日・法律第 133 号）

（民生委員の協力）

第9条　民生委員法（昭和 23 年法律第 198 号）に定める民生委員は、この法律の施行について、市町村長、福祉事務所長又は社会福祉主事の事務の執行に協力するものとする。

◾4 身体障害者福祉法（抄）

（昭和 24 年 12 月 26 日・法律第 283 号）

（民生委員の協力）

第12条の2　民生委員法（昭和23年法律第198号）に定める民生委員は、この法律の施行について、市町村長、福祉事務所の長、身体障害者福祉司又は社会福祉主事の事務の執行に協力するものとする。

5 知的障害者福祉法（抄）

（昭和35年3月31日・法律第37号）

（民生委員の協力）
第15条　民生委員法（昭和23年法律第198号）に定める民生委員は、この法律の施行について、市町村長、福祉事務所長、知的障害者福祉司又は社会福祉主事の事務の執行に協力するものとする。

6 売春防止法（抄）

（昭和31年5月24日・法律第118号）

（民生委員等の協力）
第37条　民生委員法（昭和23年法律第198号）に定める民生委員、児童福祉法に定める児童委員、保護司法（昭和25年法律第204号）に定める保護司、更生保護事業法（平成7年法律第86号）に定める更生保護事業を営むもの及び人権擁護委員法（昭和24年法律第139号）に定める人権擁護委員は、この法律の施行に関し、婦人相談所及び婦人相談員に協力するものとする。

著者紹介

小林　雅彦（こばやし・まさひこ）
国際医療福祉大学医療福祉学部教授

1957 年、千葉県生まれ。
日本社会事業大学大学院社会福祉学研究科修士課程修了。
川崎市社会福祉協議会、全国社会福祉協議会、
厚生労働省地域福祉専門官等を経て現職。

〈主著〉
『民生委員のための障害者支援ハンドブック』（単著、中央法規出版、2019 年）
『民生委員のための相談面接ハンドブック』（単著、中央法規出版、2017 年）
『民生委員・児童委員のための子ども・子育て支援実践ハンドブック』（単著、中央法規出版、2014 年）
『社会福祉基礎（高等学校福祉科教科書）』（共著、実教出版、2013 年）
『民生委員のための地域福祉活動実践ハンドブック』（単著、中央法規出版、2011 年）
『改訂 民生委員のための地域福祉活動 Q&A』（共著、中央法規出版、2011 年）
『地域福祉論—基本と事例（第 2 版）』（編著、学文社、2010 年）
『地域福祉論—理論と方法』（共編著、第一法規出版、2009 年）
『住民参加型の福祉活動—きらめく実践例』（共編著、ぎょうせい、2002 年）
『地域福祉の法務と行政』（編著、ぎょうせい、2002 年）

民生委員活動の基礎知識
──おさえておきたい 30 のポイント

2020 年 2 月 5 日　初 版 発 行
2022 年 9 月 10 日　初版第 7 刷発行

著　者 ………… 小林雅彦

発行者 ………… 荘村明彦

発行所 ………… 中央法規出版株式会社
　　　　　　　　〒 110-0016　東京都台東区台東 3-29-1 中央法規ビル
　　　　　　　　TEL 03-6387-3196
　　　　　　　　https://www.chuohoki.co.jp/

印刷・製本 …… 株式会社太洋社

ブックデザイン … 株式会社ジャパンマテリアル

本文イラスト … 北田英梨

ISBN978-4-8058-8101-9